大展好書　好書大展
品嘗好書　冠群可期

大展好書　好書大展
品嘗好書　冠群可期

名人選輯

7

但　丁

傅　陽／主編

品冠文化出版社

序 言

首先，讓我們先來看看E・R・塔魯哥斯所著的《歐洲文學和拉丁中世》的引用文——

「一八二八年十月二十日，歌德曾對人說：『但丁實在是一個偉大的人物，因為他代表著數個世紀的文化背景』。卡奈兒也說過，他在但丁身上看到了『沉默十個世紀的聲音』。

事實上，歌德和卡奈兒的描述都是正確的，從但丁身上，我們可以看到拉丁中世和中世紀時的古代教養的世界。」

讀完以上的序言，不免對他的見解相當的羨慕，因為現代很少有人會作出如此正確的評價；因為大部分的人，都已缺乏如此自信，勇於發表言論了。

但丁這個人，是將古代的歐洲古典文化傳達至近代的媒介者。因此，要了解但丁，就必需先研究古代的希臘哲學和文學，更進一步的，也需了解拉丁的哲學和文學，以及中世紀基督教的神學。所以，在研究但丁這個人之前，必需對以上所提的各項學說，作好準備才行。

但丁是出生在五月中旬的，每年全世界都有人為他的誕生慶祝著，甚至將他的出生訂名為「但丁之日」。

當天，佛羅倫斯附近的會場，佈置的美侖美奐，拿著白底紅色百合花旗子，穿著中世紀服裝的佛羅倫斯市警察，分別站在神壇兩旁；來賓席上坐著教育部長、行政官員、佛羅倫斯大學校長及教授、各地委員、市長，和但丁學會的代表；一般席上，都坐滿了熱心的市民和學生。各個但丁學會的負責人在彼此打過招呼後，便以數個人的演說和詩歌朗頌，來為但丁的慶典，展開了序幕。

接著，市警局的音樂隊吹奏起音樂，在小喇叭的吹奏聲引導下，穿著紅白綠三色衣服的佛羅倫斯市長，率先走進，跟在他後面的是但丁學會本部的首長。為什麼佛羅倫斯市長和拉丁納市長共同走進呢？因為他們代表了但丁的一切，包括他的出生之地，和死亡之地。

所有的人來到了但丁的家門前，由二個警察在但丁的紀念碑前奉上花環，並且一同行禮致敬，完成了儀式。

從這裏我們便可看出，但丁仍是義大利所誇耀的詩聖，至今仍為大家所尊敬著。不僅是佛羅倫斯市有但丁路這個路名而已，全國的各都市，都可看到但丁路這個路名；並且主要城市都設有但丁的銅像，當中最有名的便是設立在佛羅倫斯聖母瑪麗亞大教堂前的廣場中的銅像了。

從前，我們所獲得有關但丁的資料，都是由報章雜誌中所得到的，而現在由於思想交流的容易，對我國的文化產生嚴重的衝擊，大量的書籍湧入，使我們可以更加了解但丁這個人，甚至他的思想，至今仍依舊影響著我們的一切行動。

目錄

第一章　但丁的生涯

離鄉的但丁

但丁家的隆盛和凋零

但丁的曾曾祖父卡加奎達曾參加第二次的十字軍東征，由於功績彪炳，被任命為榮譽騎士。因此，但丁一門雖稱不上是大貴族，但卻也是貴族的一員。

他的曾曾祖父在佛羅倫斯一帶相當的有名，受一般民眾所信賴，並且擁有近郊的一大片土地；而他的結婚對象，也是北義大利漠河一帶的名門望族。

因此，如果命運之神繼續眷顧他們的話，但丁家必定能成為義大利四大富豪的另一位富豪。

不幸的是，但丁的父親阿利基諾由於事業的失敗，到了這一代就已經家運頹敗，他父親曾經營過銀行，希望藉此扭轉乾坤，但仍因不順利，放棄了商館，而在祖籍和另一個住所從事換鈔票的工作，以為生計。但丁在他的著作中，從未提過他的父親，大概是認為他不足取吧！

但丁的母親維吾拉，於一二六五年生但丁。根據歷史學家的記載，但丁的出生是太陽昇起，雙子星消失之時，從天文學的解釋來看，大約是五月十八日至六月十七日之間，更進一步的推算，他的出生應該是在五月底。

自古以來，偉人誕生時常有不可思議的天然現象產生。相傳但丁也有這種情形，在他誕生前九個月，在一二六四年八月時，有彗星在東方天空出現，並且閃耀著強光達三個月之久，在到達天空中央時，才漸漸的消失，然而這只是一項傳說。

但丁出生後，他的父母根據佛羅倫斯的風俗，將他帶到聖瑪麗亞大教堂附屬的洗禮堂，在井字型的水槽旁進行受洗儀式，正式命名為羅塔德，但這個名字被以訛傳訛後，便叫成但丁了。

在佛羅倫斯的少年時代

少年時代的但丁，常和附近的小孩子，在亞塔柏城堡（Altaborte）和修道院附近，玩著戰爭的遊戲。這種情形，也正反應了當時的實際現象，彼此分為維吾爾族和奇柏林族二派，彼此戰鬥著。

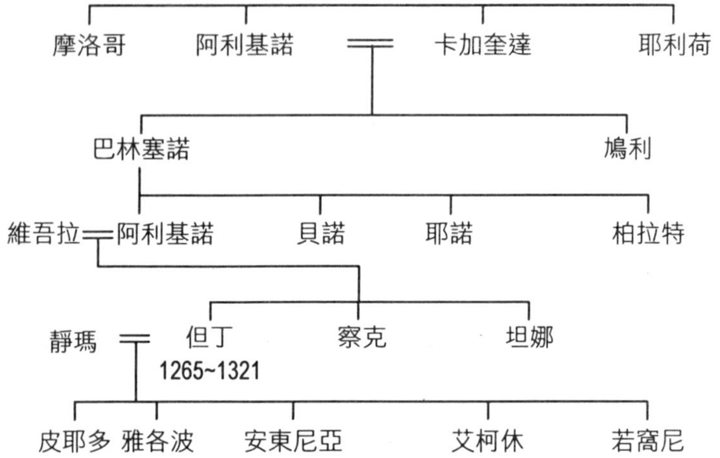

▲但丁的家系
▼但丁出生的家

但丁的母親維吾拉在一二七〇年逝世，曾有錯誤的傳言，說她是背叛自己友邦的將軍的女兒，這是不確實的事。

母親維吾拉死後，年幼的但丁便由祖母照顧，然而不久，祖母也跟著逝世，於是他的父親另外娶了莫娜為妻，他們之間又生了一個兒子察克和女兒坦娜；但丁和異母的弟妹感情很好，譬如，在《新生》第二十三章中，但丁在夢中看到察克死去，一嚇之後立刻驚醒，並且流下眼淚，而在此時溫柔安慰他的女性，便是他的妹妹坦娜。

至於但丁少年時代的友伴，有坦波答尼、波羅利、奎多・卡瓦康尼（Guido Guinizelli，生於一二五五年，死於一三〇〇），是一位詩才和但丁伯仲之間的詩人）等。甚至這些人都成為以後但丁詩中的人物。其中有一位馬多利哥魯哥・波迪納里，是一個相當有名銀行大董事的兒子，他也是但丁情人畢翠絲（Beatrice Portinari）的哥哥。

當時少年的孩子頭是奎多・卡瓦康尼，他是但丁所稱：「最好的朋友！」奎多當時十六歲，他的父親是一位騎士，傳說是一個偉大的軍人；還有一個人決不可忘記，那便是柯索・杜納蒂（Corso Donati），他是一政治黨領袖的兒子，後來也成為政黨領袖之一，正如同等會所介紹的，但丁和他的妹妹靜瑪・杜納蒂（Gemma Donati）結婚，二人成為親戚關係。

這些年輕的同伴一起長大成人，並且對文學充滿著憧憬，互相作詩比賽，而通常是被奎多・卡瓦康尼所得勝；而在這些同伴中，還必需提到一人，那就是卡塞拉，他是一名早熟的音樂家，常將同伴所作的詩，譜上了音樂而演奏出來。

但是，佛羅倫斯的少年並不是全對但丁懷有好意，譬如說和奎多・卡瓦康尼不同派系的黨派，其領導人對但丁常常飽以老拳，因為他是義大利名門望族的一員，從小孩時期便脾氣暴躁，無人敢動他一根汗毛，他就是菲里伯・亞根迪（Filippo Argenti），家境相當富裕，對但丁特別的反感，常無理的欺負他。

《神曲》的地獄篇第八首中，描述菲里伯・亞根迪在死後被一群人圍打，深陷在泥沼中呻吟著。同時代的文學家薄伽丘（Giovanni Boccaccio，一三一三～一三七五）在他的《十日談》第九日第八話中，也曾介紹菲里伯・銀（Silver）的登場，並且對這粗暴的態度有特別的介紹；為何將他的名字改為銀呢？那是因為他家太有錢，經常坐著銀鞍的馬匹出遊的緣故，為避免太過指名道姓，招惹不必要的麻煩，因而動的手腳。

以薄伽丘為首的年輕人，常一起在阿諾河附近的波伊修斯家等蓋爾非政黨大人物家前談論文學，並且佛羅倫斯的市政廳及維多利宮殿也在附近聳立著。

西西里派的詩人

這些詩人們究竟有那些創作呢？首先我們必需先了解義大利詩壇的變遷才可。

義大利詩壇最先繁榮的派系，應是在十二世紀末在西西里島的巴雷摩誕生，它的中心代表人物，是史維菲王朝的佛洛哥二世（一一九四年～一二五〇年）。

維多利宮殿

這人是亨利六世左右時代出生的人，精通義大利文和德語，他是一個德國人，熱愛義大利文化，他來到西西里島，與其說是政治的因素，倒不如說是個人感情的理由。

在一二〇八年，他是拿波里王和西西里王；更在一二一五年，兼任德國王。他一直住在他所喜愛的蒙地塔羅沒有離開。

在一二二〇年時，他成為神聖羅馬帝國的皇帝。

佛洛哥二世和羅馬教皇的關係，就如古代羅馬政治家同布魯特斯和凱撒的情形一樣，布魯特斯最後用短劍刺死凱撒；佛洛哥二世對教皇明顯的表示不服從的態度，以基督教教徒的立場來看，他的身分實在有些怪異之處。

當時，有一位神秘的預言家，從法國南部來到西西里島，帶來了梵蒂岡所傳來將佛洛哥視為異教徒的訊息後，西西里派的詩人受到影響，便紛紛模仿南法國地區的詩風，借用當地的主題，創作起詩來。以一般人的立場來看，西西里派的詩，缺乏感情的投入，只是偏重於形式的技巧傾向而已。

暫時先不管這些批評，西西里派的十四行短詩，它的特色在於每一行詩的最後一個字和下一行詩的第一個字相同，並且在詩的末行會再反覆一次，這種詩風被評斷是最具貴族智慧的風範。

這一派詩人的代表人物，有佛洛哥二世，他的兒子伊索（一二二〇～一二七二年），培魯德拉尼亞（一一九〇～一二四九年），十三世紀前半的雅各伯等；由於國王率先作詩，並且採取獎勵的措施，於是蒙地塔羅的宮廷充斥著來自各地的詩人，當中甚至有來自中東和阿拉伯人。因此，若以誇張一點的言論來加以描述當時的情景，可說是充滿異國情緒的天方夜譚的舞台。

但是，在一三六六年，佛洛哥二世的兒子蒙地塔羅王戰死之後，隨著佛洛哥家族的滅亡，西西里派在詩壇的光榮也逐漸的褪去。

清新體派詩人——但丁

接著稱霸詩壇的，是托斯卡尼派（Tuscany）的詩人，這流派的早期詩人，著重於韻律的技術和晦暗的主題；關於這一點，西西里派詩人和托斯卡尼派詩人爭執不休，因為托斯卡尼派的人不重視詩的優美性，只求地方大眾的了解，作一些樸素的詩。

當中也有些有名的詩人，如奎尼奇里（Guido Gunizelli，一二三〇年～一二九四年），他將枯燥、學術性的詩，模仿拉丁語，用義大利文寫出。他們的詩，與其說著眼點在宗教詩和政治詩上頭，倒不如說大多是戀愛詩，來得較妥當些。

但丁在《神曲》的淨罪篇第二十四首中，借用他人的身分，批評當時詩人的詩。根據批評，我們可知當時的義大利，有新舊二派詩人的對立，當中舊派為理論派，而新派就是清新體派的詩人，其代表人物就是但丁和奎多・卡瓦康尼。

托斯卡尼派的第二期，約在十三世紀末年，便成以女性為主題，進而創作出詩來；當中的創始者提諾坦薩迪（一二八〇年逝世），以女性美和愛理想化的傾向，作出無數優美的詩來。

接著稱霸詩壇的便是波隆納派，他的創始者奎尼奇里（**Guido Guinizellia**，約一二三〇年～一二七六年），出生於波隆納，但因他是受到清新體派系詩的影響，進而在佛羅倫斯開花結果的，因此是否要把他所創的波隆納派系，另外分門別類，仍存有很大的疑問。

奎尼奇里可說是最早寫起清新體派的詩人，但丁在《神曲》淨罪篇第二十六首第九十二行稱讚他：「這個詩人可說是我的父親，他寫的詩比我更好、更有氣質！」同時，在淨罪篇第二十四首中，也描述著：「受愛的命令來寫詩，當愛產生靈感的同時，將之收集整理起來，當心靈相通的一刻時，脫口而出的清新體派的詩。」但丁在這裏為清新體派的詩，作了一個最佳的註解。

由巴黎來的家庭教師

接著，我們來看看但丁所受的學校教育，他和普通的佛羅倫斯子弟，一起接受共同教育，這初等教育和今日的義務教育相同，教導著拉丁文、修辭學和倫理學等；更上級的中等學校，則教導算術、幾何、音樂和天文學。除此之外，他還在聖瑪麗亞教會跟隨一位法國神父，學習聖多瑪斯・阿奎諾（St. Thomas Aquinas，義大利神學家，也是經院哲學全盛期的偉大思想家）的神秘主義哲學。

就知識慾旺盛的但丁而言，和一般佛羅倫斯小孩不同的，便是一位和但丁家裏有親戚關係的學者，剛從法國歸來，但丁很幸運的得到這位家庭教師。

這位學者的名字是柏呂奈多・拉丁尼，是一位相當有才幹的人，他曾經被佛羅倫斯派遣至西班牙王國擔任使節，進行邀請聯軍的談判。

不幸的是，在他出使的期間，無法順利求得兵援，致使義大利在和那不勒斯王國對抗時，造成佛羅倫斯軍大敗，進而政府崩潰。於是，他被判處放逐的懲罰，無法回到故鄉佛羅倫斯，從放逐到歸來，他一直在巴黎寫書，他的著作有《修辭學》和《寶典》；前者是以公證人和書記為對象的參考書，後者則是一本百科全書。《寶典》則是由法國文改寫而成的。

這個人回到佛羅倫斯後，便擔任但丁的家庭教師，從此以後，但丁的學識便突飛猛進，為他以後成為詩人的基礎奠定了基石。

柏呂奈多．拉丁尼對但丁的看重，從但丁的《神曲》地獄篇的第十五首中可看出——「留有我名字的《寶典》，今後留待你來發揚光大！」從這句話中，便可明白他對但丁的信賴程度。

至於在一二九〇年時，柏呂奈多死亡，曾對但丁造成相當大的精神打擊，為了戰勝這悲哀，他將自己沉浸在哲學書的領域中。他所看的書有波耶迪斯的《哲學的安慰》和西塞羅所著的《友情論》等，結果這段期間，反而激起了他對哲學的興趣，這個影響，在他的第二部作品——《饗宴》便可清楚看出。

從此以後，但丁致力於研究古典作品，諸如古典詩篇，貝魯奇利斯的敘事詩《Aeneis》，柏拉迪斯的《詩論》，霍維迪斯的《變身譜》，西塞羅、塞內加、普立迪斯等人的道德哲學等，也多有涉獵，作為他以後作品的基礎。

人文主義的運動

所謂的人文主義，泛指對人性的尊重，對被束縛、壓抑的人，進行解放的思想而言。這思想第一次在義大利產生時，被稱為人文主義，不久擴張到義大利以外的地區，也可稱為人道主義。這思想的信奉者，則稱為人文主義者，而他們所發起的運動，就叫做人文主義運動。這項運動風行在十四世紀和十五世紀中間。

人文主義者對人類的價值和尊嚴，有著很高的評價。而人文主義運動，也或多或少因人而有差異，但共通的一點，都是必需基於古代的社會標準作評判，只是採用的重點不同而已。

最初的人文主義代表者就是但丁，他希望能回復人類的本性，注重正義、慈悲、智慧和道德。為此，他將古代希臘和羅馬所記載的文化和文學等書籍的內容加以介紹，這點，從他的作品中便可一目瞭然。

在《神曲》的地獄篇中，對古代偉人所住的地獄風光，有著詳細的描述，像希臘詩聖荷馬、羅馬的詩人柏拉迪斯、奧維羅、羅馬雄辯家西塞羅、希臘哲人蘇格拉底、柏拉圖和亞里斯多德、凱撒大帝、亞拿薩哥拉斯、原子論發展的德謨克里脫、哲學家戴奧真尼斯、恩貝多克利斯和一代名醫希波克拉底等，都住在一起。藉由《神曲》，但丁盡自己人文主義的義務，將西洋古典人物的風貌加以介紹。

第二期的人文主義者也和但丁一樣，走訪各地的圖書館，翻閱當地的書籍，沉浸在古典書籍當中，並為書本作註解。由於他們的努力，使得十五世紀時，因人文主義的推廣，進而產生義大利文藝復興。其中的代表，有米開朗基羅等人。

看到這裏，為什麼當時的年輕人，都只想成為詩人呢？實在值得我們探討。

首先，從功利的著眼點來看，成為一個成功的詩人，不儘可以擔任封建諸侯的管家，同時也可擔任外交官，是踏上上流社會的途徑。

毫無疑問的，但丁也想利用成為詩人的方法，晉昇為仕紳，然而他和一般時下的年輕人不同的地方，便是他比一般人更對學問執著，他在一二八五年到一二八七年曾到佛羅尼亞大學，這次的留學，對但丁以後的工作有多大的影響，留待以後再詳細的敘述。

有人傳言但丁曾到巴黎去留學，主張這個說法的歷史家維拉尼、薄伽丘列舉在《神曲》中，有十二個地方描述到法國的巴黎，若沒去過，實在無法描述的如此清楚。現代的但丁學者，大多否認但丁曾到法國的說法。

像天使般的畢翠絲

佛羅倫斯城，每年都會舉辦花祭，並且是在五月一日。一二七四年的花祭通過聖彼得大教堂，住在附近的波迪納里家族開放庭園，邀請大家參觀，但丁的家族也受到了邀請。

在這一天，但丁首次看到穿著白衣服的波迪納里的女兒——畢翠絲，雖然常從她的哥哥口中，聽到許多有關她的言論，但卻從沒見過面。當時但丁年僅九歲。

混合著對畢翠絲的好感，但丁寫下了他自敘風格的處女作，內容是以她為中心的散文和韻文的混合作品——《新生》。

又過了九年，但丁又在阿爾諾河的聖特里尼達橋邊遇到了畢翠絲，當時畢翠絲走在二位女友的中間，並且溫柔的對但丁致意。

但丁和畢翠絲

這第二度的巧遇，以神學的意思來解釋，這三位一體的三數字，有著神秘婦人的涵義，而二人在九年後相遇，也是三的三倍，從另一個角度來看，可說是神的引導。

從這次相遇後，但丁便以畢翠絲為主題，寫下許多詩來稱讚，他以神秘的婦人，作為清新體詩的公主或女主人，但丁相當熱愛畢翠絲，但二人的戀愛僅止於柏拉圖式的精神戀愛。二人無法結婚的原因，不是身分上的差距，也不是地位的不同，而是經濟能力相距太大。

畢翠絲的父親波迪納里家族是一個著名的銀行家，同時也是佛羅倫斯的第一富豪；她的母親創立了聖瑪麗亞醫院，並且擔任終身名譽的看護長。相反的，但丁雖然也是貴族，但卻是沒落的貴族，父親以經營錢莊為生，因此配不上波迪納里家，不管是誰，都會相當明白這個事實。

後來，畢翠絲和巴迪（**Bardi**）的銀行家結婚，這二家的家世和財富相當，然而畢翠絲在一二九〇年時，就英年早逝了。

在畢翠絲過世後，但丁相當的苦惱，從《新生》的第二十三章中，可以明白看出。於是但丁從悲傷中投身於《哲學的安慰》，以沉溺在哲學的世界中，來躲避這種苦惱。此時，有一位婦人相當的同情他，在《新生》第三十五章的「窗邊貴婦人」，便是對她的特別描述；相傳這位婦人便是他的妻子靜瑪·杜納蒂；也有人說這位婦人，是但丁的第二戀愛對象，而不是他的妻子；更有人說這位婦女只是但丁所杜撰的，含有深意的象徵。

但不管情形如何，「窗邊貴婦人」的哲學，就是「畢翠絲」神學化的象徵。

但丁依舊留戀著畢翠絲，以對她的愛意為出發點，繼續寫出描寫自己心境的詩歌，我們可以來看《新生》第四十二章，也就是最後一章的內容：

「當我寫完詩歌後，眼前突然出現了一個不可思議的影像，在裏面我看到了真正的淑女畢翠絲，因為無法用更好的方法來做正確的描述，不禁想要放棄對受到恩寵的淑女做詩歌讚揚。但看到了她，也使得我為達到和真實她相同而努力作詩，萬物由於她而得到生存的聖旨，而我的生命若還能持續下去的話，雖然我從未對其它婦女作過讚揚的詩歌，但是，我現在卻非常想為她寫詩歌。

而後，我也將受到恩主的寵愛，受到她的指示，我的靈魂將光榮的前去晉見這淑女的光榮。也就是說『代替受到無限祝福』的人，在光榮中眺望恩寵的畢翠絲。」

以上是令人感到興趣的言論，為什麼如此說呢？因為這等於但丁在為他以後以畢翠絲為主題的《神曲》一書作預告。同時，自覺自己死後可以上天堂，和畢翠絲重逢，而作了這樣的宣言。

由此看來，《新生》可說是《神曲》的預言文章。

結婚和出征

以詩人而有名的但丁，接著在祖國的佛羅倫斯政治圈中，相當的活躍。但首先來看看但丁的婚姻。

但丁的父親阿利基諾，是在一二八三年逝世，根據當時的風俗習慣，但丁和早有婚姻的靜瑪・杜納蒂結婚。這實在是件很奇怪的事，因為靜瑪的父親一系，杜納蒂家族是黑黨的主要支持者，和但丁所領導的白黨，發生起相當嚴重的正面衝突。

一二九五年到一二九六年間，但丁參加市議會的會議，當時有達官貴人（Hagnates）和商業、店東團體（Popolo）二派的衝突；這項衝突的結果，導致了一項更平等的法律——一二九三年的「正義法令」（Ordinances of Justice）的制定。緊接著這個佛羅倫斯歷史上革命性的階段而來的，是一陣暴風雨前的寧靜。

一二九五年至一三〇〇年期間，但丁可說是最活躍的政治家了，我們現在來加以敘述。

蓋爾菲黨和奇柏林黨

想要了解但丁的政治生涯前，讓我們先來看看鄰國德國的情形。

十二世紀前半，德國有二大貴族互相爭奪王位，因為德國人有在戰爭前互相叫罵對方的習慣，於是將蓋爾菲侯爵的名字，作為黨名；同時也將奇柏林侯爵的名字，引申為奇柏林黨（這些黨名都已從德文音譯為義大利文）。

▲民長的事務所

▼毛織物業者的工會

蓋爾菲（Guelf）家族是寡頭政治團體，傳統上是羅馬教皇的統治者；而奇柏林家族（Ghibellines），則是擁護德國國王和神聖羅馬帝國皇帝的支持者。

這二個政黨的對立情形，也影響到義大利本土，佛羅倫斯也分裂成蓋爾菲和奇柏林兩黨；在佛羅倫斯和其它地方，蓋爾菲族是教皇權力的擁護者；而奇柏林黨則是擁護德國皇帝在義大利的統治權。雖然一二九〇年代，佛羅倫斯已是蓋爾菲的天下，但是，由於蓋爾菲的黨員並非忠心不二，常常有變節的情形，因此，發生了分裂的情形。

此後德國和義大利，從十三世紀起的百餘年間，一直呈現兩黨對立的激烈場面，只是德國的對立人物為傳統封建貴族；而義大利的人物組成，則是以工商業團體為主所形成。

蓋爾菲黨在一二九五年分裂成黑派和白派兩黨。黑派較為保守，是由古代的封建貴族所組成的，由典型的「達官貴人」派作風的柯索・杜納蒂為首；白派則是由中產階級，富裕的市民所組成，由一富有的銀行家塞爾奇（Vieri de Cerchi）所領導。這二派對立的爭端，主要是導於經濟的問題，彼此都希望立法為自己的政黨，採取有利的法律，並且擴張自己的勢力範圍，因而產生的立法鬥爭。

富豪們為獨佔政權，另外成立一個最高行政機關，用來監督代表市民的監督機關，並且由三名領導會者所組成，任期二個月，彼此互相輪流；其一是毛類紡織業工會會長，一為毛類生產會會長，最後一位則是從事金融服務業的會長。後來，又擴張為六名，加上醫療業工會會長、絹織業會長及毛皮業會長。

具有這樣組織的政府，我們稱之為僭主制政府。首長並沒有實權，而由會長及代表市民握有實權，雖然審議員在首長和民政官前宣誓審議重要的議題，但是他們卻沒有立法的權力。

擴大的黨爭

佛羅倫斯附近，也有許多的都市國家和它有結盟的關係存在。

在佛羅倫斯西北約二十公里的地方，阿爾卑斯山腳下，有一個皮斯托雅城市存在，因受到安普羅那河流所洗禮，相當美麗的都市國家；是佛羅倫斯的衛星都市，在政治上，也遵循著佛羅倫斯的軌道在運轉著。

皮斯托雅城中，以有名坎迪耶里家最為富裕。這一族的人支持蓋爾菲黨，然而兄弟鬩牆的情形發生，哥哥家戴著白帽，而弟弟家則戴著黑帽，二家糾紛越來越多，關係越來越壞，甚至集合黨徒對立起來，世人稱此為黑白黨之爭。

皮斯托雅城如上面所說的，是佛羅倫斯的同盟國，在黑白二黨競爭激烈時，不能默默不管，於是推派著名的政治家辛諾（Cinoda Pistoia）擔任佛羅倫斯的首長，他平息了一時的內亂，但是黑白二黨的對立情形，仍舊存在著，並沒有因此而結束。

皮斯托雅（Pistoia）的白黨和佛羅倫斯的塞爾奇家族結為親家，而皮斯托雅的黑黨和杜納蒂結為姻親；從此以後，塞爾奇家族擁護白黨，而杜納蒂家族支持黑黨，彼此成為黑白兩派，將皮斯托雅的對立情形帶入佛羅倫斯。

終於，在一三〇〇年的五月一日賞花祭時，佛羅倫斯的黑白兩黨發生了武裝政變，當日，在佛羅倫斯三位一體的廣場，原本有一場舞會，許多年輕男女在一起跳著舞，然而原本就交惡的塞爾奇家族和杜納蒂家族，發生起嚴重的衝突，導因於杜納蒂家族的一人，鼻子被人用劍削去，於是佛羅倫斯的內戰就此爆發。

杜納蒂家和塞爾奇家

杜納蒂家和塞爾奇家在十三世紀時，都是佛羅倫斯的富豪之家。但是杜納蒂家族，可以追溯到古代羅馬帝國的貴族家族，在十一世紀時，逐漸有錢起來，被封為巴隆男爵。致力社會事業，在今日的蒙地耶哥處，曾建有大型醫院，後來合併為聖保羅醫院。杜納蒂家族不僅在市內有土地外，也擁有市郊的大片土地。

市內也有許多杜納蒂家族的建築物，而由其家族所圍繞起來的廣場，就叫做杜納蒂廣場。

當時的杜納蒂共有二男一女，男的是柯索・杜納蒂，他是長子，並且是一個很有名的政治家，其弟佛瑞西・杜納蒂（Forose Donati），則是一名詩人；再來就是靜瑪・杜納蒂，她嫁與但丁為妻，前面曾述說過。

柯索・杜納蒂是一個有名的盜賊，《神曲》地獄篇第二十五首曾為他做了一番描述。他的一位親戚瓊華・杜納蒂，擔任行政參事官，也沉淪在地獄的同一層中。

但丁的祖父培魯利鳩的兄弟，培魯拉弟的兒子得利，具有粗暴的性格，到處惹事生非，播散不和的種子。後來，在一二六九年，和塞爾奇家族爭執時，不幸遇害；從此以後塞爾奇家族和阿利基諾家族，便成為世仇。

塞爾奇家是住在佛羅倫斯近郊，薛威溪谷的阿肯那地區的貴族，後來移居到華路蒂地區。這個家族在法國和佛羅倫斯等地，都設有商館，同時擁有佛羅倫斯最大的銀行，是一個相當有錢的家族。他並且買下了維洛拉宮殿做為居所，他跟皮斯托雅地區的望族有親戚關係，而他則是忠於蓋爾菲黨。

後來蓋爾菲黨產生派系的分裂，演變成我們所熟知的黑黨和白黨。前者較為保守，是由典型「達官貴人」派作風的柯索・杜納蒂所領導，後者則由一富有的銀行家塞爾奇（Vieri de Cerchi）所領導。可笑的事是，率領白黨和黑黨爭鬥的人的祖先，原來是黑黨的黨首，真可說是命運的惡作劇。

後來柯索・杜納蒂和塞爾奇家族的女人結婚，他的妻子帶來了豐厚的嫁妝，於是杜納蒂家族和塞爾奇維持短暫的和平。不久，白黨的首領塞爾奇因政治的因素，於一三〇〇年被放逐，而離開了佛羅倫斯，直到一三〇三年，放逐的命令被取消後，才又回來。

激烈的社會變動

杜納蒂家和塞爾奇家原本都是貴族，但後來卻成為有錢的商人。從這個現象中，我們可以明顯的看出佛羅倫斯的社會變遷，相當的激烈。

薄伽丘所著的《十日談》，在「作者結論」部分，他寫著「我對這社會的感覺，是不斷的在變動著，永無安定的狀態，我在此向大家告白」。而在第四日的第一講中，也寫著「貧窮並不會奪走一個人的氣質，反而是富裕容易使人變性。很多的王侯貴族變成窮人，而耕地、牧羊的農民卻變成了大富翁」。

薄伽丘甚至在他的作品中，第二日第三講為社會變動的情形，寫了下列的一個故事：

「在佛羅倫斯住著一個有錢的騎士，他的名字是米謝洛・達魯多，他的長子藍貝洛，次子雷達洛，三子阿拉康達，外甥阿雷珊多。他們飼養著好馬、名犬和老鷹，每日宴會不斷，並且常送禮給別人，舉辦比武競技；慢慢的，家財便陸續散盡，於是舉家搬至英國倫敦，從事錢莊的工作。

數年後，他們事業興隆，累積了一筆很可觀的財富，因此，再度回到佛羅倫斯，將過去所賣掉的祖產，一一地再買回來，甚至購買更多的土地。為預防意外發生，將阿雷珊多一人獨自留在倫敦。

不久，藍貝洛和雷達洛相繼結婚，他們二夫婦都花錢如流，很快的又身無分文，並且向外舉債；這時，在倫敦的阿雷珊多，因按步就班的努力工作，仍舊賺了不少錢，於是將錢送到佛羅倫斯來，避免再度發生不幸的破產事件。

阿雷珊多所從事的工作是，借錢給英國的貴族，並且接受他們以城堡作為抵押品，而賺取利息收入。然而事與願違，不久之後，英國發生了國王和王子的爭奪王位戰爭，並且將持續很長一段時間，才有可能恢復和平，於是阿雷珊多便收拾行李，回到佛羅倫斯來。

當他到達布塞爾港口搭船返國時，遇到二位騎士護送一個穿著白衣的修道士和他同船，很幸運的，他和騎士們結為好友，彼此在旅程中互相解悶，因此，不會太過無聊。他在無意間發現白衣修道士是一位女性，進而阿雷珊多和她談起戀愛，甚至承諾結婚。

當這位女性到達羅馬之後，便稱自己是英國的公主，為了躲避和年老的蘇格蘭王結婚的政策婚姻，便攜帶了大批的財寶逃出。於是二人一起向羅馬教皇申請結婚許可，並且舉行結婚儀式。在儀式舉行後，便離開了佛羅倫斯，到法國巴黎去，並且受到法王的歡迎。

而伴隨公主前往羅馬的二位騎士，他們返回英國後，並且說服了英王答應原諒公主的行為；於是英王舉行盛大的儀式，歡迎公主和阿雷珊多的回去，便且將阿雷珊多封為騎士。」

於是，阿雷珊多的身分，由騎士變為商人，又由商人變為騎士，這是根據事實改寫的小說。由此可知，在佛羅倫斯的商人階級的中層組成份子，大多是沒落的騎士所改行的商人。

政治家但丁的登場

但丁進入佛羅倫斯的政治界時，白黨的首領斐利・塞爾奇（簡稱塞爾奇，Vieri de Cerchi），如前面曾提到過，是一個愛好和平的人，當他擔任白黨黨首時，主張和平和協調。相反地，黑黨的黨首柯索・杜納蒂，是一個城府極深的策略家，為了自身的利益，不惜利用羅馬教皇的權力，藉此打擊白黨。

柯索・杜納蒂處心積慮的向羅馬教皇龐尼菲斯八世（Boniface VIII在位期間一二九四年～一三〇三年）進行遊說，他說假如白黨掌握了佛羅倫斯的政權，將會對教皇個人有不利的影響，甚至會帶領佛羅倫斯的人反抗羅馬；於是龐尼菲斯八世和白黨發生嫌隙，下定決心討伐佛羅倫斯城。

終於，教皇龐尼菲斯八世向法王的王弟查爾斯（Charles of Valois）授意，因此，查爾斯在一三〇一年二月時，率領大軍，南下至義大利；在佔領布魯尚、比昂等城市後，因忙於討伐游擊隊，無力再南侵義大利。

在一三〇〇年十一月三十日，龐尼菲斯八世曾寫了封厚厚的書信給在法國的天主教信徒，裏面承諾了查爾斯，若他能在充分支援自己之後，將授與神聖羅馬帝國的帝位給他。

由於教皇採取這樣積極的態度，佛羅倫斯的白黨，便和教皇龐尼菲斯八世及黑黨，激烈的對立起來。

剛好這時，但丁和其它四個政治家被選為白黨的最高統領，任期是從一三〇〇年六月十五日，至八月十四日。

同年的五月一日，佛羅倫斯的三位一體廣場發生暴動，一度鎮暴下來；然而在六月二十三日，在別的廣場再次騷動起來。於是，但丁和佛羅倫斯的首長討論後，決定放逐七個白黑兩黨的領袖，其中黑黨的領袖奎多•卡瓦康尼，被但丁稱為「我最好的朋友！」也包含在裏面。因此，但丁受到友人冷酷的責罵和非議，但他依舊沒有改變他大義滅親的信念。

在龐尼菲斯八世積極的態度之下，不斷的施加壓力，恐懼的佛羅倫斯人，便分裂成強硬派和軟弱派；然而但丁卻一直不動搖的堅持立場，使得教皇度日如年的望著但丁的任期屆滿；可是，但丁在任期屆滿後，在佛羅倫斯的政治圈中，仍積極的活動著，並且佔有重要的地位，於是教皇的希望再度落空。

一三〇一年的六月十九日，教皇龐尼菲斯八世對佛羅倫斯提出一個要求，那便是要佛羅倫斯負擔派遣至教皇教堂服務的一百個騎兵的費用。關於這個問題，佛羅倫斯的百人委員會曾數度的討論過，但沒有產生任何的決定；於是最後，但丁寫出拒絕的信給龐尼菲斯八世，明白的否決了他的提案。

黑黨的反攻

經過這事件後，佛羅倫斯的黑黨勢力逐漸的轉強，藉著這個機會，龐尼菲斯八世再度提出另一個提案，那便是要他們接受他所派遣的法王王弟查爾斯作為和平大使，一起在卡斯他尼地方談和。

此時由於黑黨的勢力日漸增加，已不容忽視了，白黨領袖無法斷然拒絕，於是屈服在教皇的提案申請之下，在一三〇一年十一月一日，讓龐尼菲斯的代理人查爾斯（Charles of Valois），帶領著大批的軍隊，堂而皇之的進入佛羅倫斯。

在這之前，佛羅倫斯的白黨領導者，眼見局勢不利，於是派遣以但丁為首的三個人，出使羅馬，希望能夠說服龐尼菲斯八世延期派遣調停者查爾斯，並且解除一三〇〇年，教皇的使節樞機主教馬里昂庫斯・達魯達對白黨領袖所訂的貪污罪。

這件事起因在當年的六月初旬，樞機主教馬里昂庫斯初到佛羅倫斯時，由於佛羅倫斯的一般法院反對聖職人員的干預法律，盛怒之下的樞機主教，逼迫佛羅倫斯的政府組成首腦，也就是白黨的領袖辭職，但被拒絕，因此，判他們犯了貪污罪後，便歸返羅馬。但丁就是帶著如此困難的使命出使羅馬，希望挽回羅馬教皇廳對白黨的信賴，化解誤會的存在。

另一方面，被判處放逐罪的黑黨黨員，陸陸續續的返回佛羅倫斯，並且打鐵趁熱的紛紛對白黨黨員，提出了告訴。

十三世紀時，義大利的各地，為了希望政治的中立性和公平，有任命外國人為都市國家首長的風俗習慣，這當中，當然不乏謀求自身利益的爛政治家。

最有名的例子，便是坎迪卡布利・迪歐，他是貴族身分出身，深受教皇龐尼菲斯八世的信賴，在教皇大選時，曾經為教皇龐尼菲斯八世助選過，他曾擔任聖那的首長，在查爾斯率軍進入佛羅倫斯城時，聖那的騎兵也護送他們入城，於是查爾斯直接和黑黨的領袖進行協商，希望打擊白黨的勢力。

查爾斯入城以後，第一件事便是任命坎迪卡布利・迪歐為佛羅倫斯的首長，他一上任後，便任命幾個惡名昭彰的律師，進行剷除異己的行動。

查爾斯運用巧妙的手腕，開始進行活動，首先他下令放逐許多的白黨黨員；接著，他再對白黨有地位的政治家，判處有罪的罪名，其罪名便是在任內貪污、陰謀造反（反抗教皇、查爾斯以及全市）。

當中，但丁曾被二次的判決，第一次是在一三〇〇年一月二十七日，當時他人不在佛羅倫斯，而遭起訴的罪名是浪費公帑和反對教皇及陰謀阻礙查爾斯到佛羅倫斯的造訪，結果他被處以罰緩五千銀幣和放逐國外二年的刑罰，這次的判決結果比較輕；第二次的起訴，則是在同年的三月十日，他被下令，如果在佛羅倫斯被人抓到，就要接受火刑的嚴重懲罰。

幸運的是，當死刑命令下達時，但丁的人並不在佛羅倫斯；當時他出使到羅馬去會見龐尼菲斯八世，在返回佛羅倫斯前，便收到警告的信，因此流亡在外。

雖然，這些判決並沒有確切的證據可以證實，然而當時大權在握的坎迪卡布利・

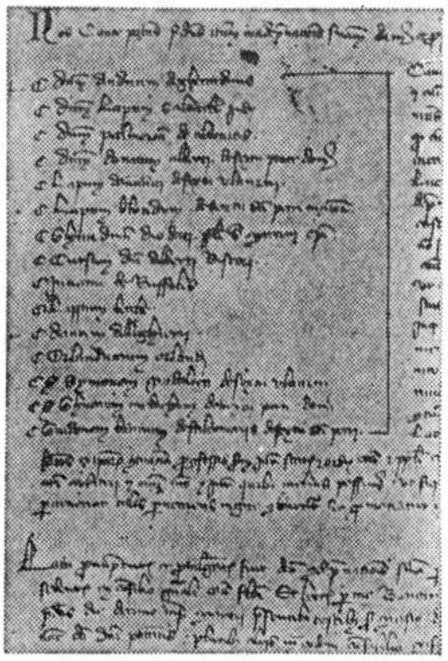

上圖是坎迪卡布利·迪歐對白黨的人處以死刑，中央圖為動刑用的斧頭，下圖則為收藏的『釘之書』，裏面描述有但丁的罪名。

迪歐，完全憑著自己的政治信念，衝動的下決策。

在羅馬聽到有罪宣判的但丁，便和白黨的同伴，一同在海外流亡著，其中，包括因援助白黨黨員逃亡，而受到黑黨的怨恨的但丁的弟弟——法藍基斯可。

保管在佛羅倫斯國立記錄保管所的一本用釘子裝訂的書，稱為『釘之書』，其中有一段描寫和但丁有關係；裏面敘述著，在一三〇二年至一三七八年間，受到佛羅倫斯政治迫害的人的名冊，同時對已被放逐的白黨黨員但丁，還有兩項罪名的宣告。

被放逐的但丁

於是，佛羅倫斯黑黨的勢力，越來越鞏固，而白黨的黨首塞爾奇，認為大勢已過，便退出了政治圈，但依舊常捐助金錢，支持白黨的對抗活動。

這活動的總處，是「佛羅倫斯市和各郡部的白黨協會」，其會長是阿累索（Arezzo）的一個伯爵，因戰爭的關係，對佛羅倫斯懷有怨恨，因此，對逃亡在外的亡命之徒相當的親切。

剛開始時，但丁和白黨的亡命者，都採取一致的行動；在一三〇二年六月八日，白黨的人和奇柏林黨的領袖聚集在一起，商討如何對抗黑黨的勢力時，塞爾奇和但丁也都有出席，當時主戰派獲勝；於是白黨一股作氣，將在蒙弟卡羅城的黑黨，驅趕出城，二軍勢力差不多，互不相讓的對峙著。

基於這個情形，在下次集會時，他們決定延聘優秀的將軍來率領他們，於是推派白黨的代表但丁，到維也納去聘請卡薩貝斯達；在這位將軍的率領下，白黨軍團紀嚴格，勢如破竹的攻陷位在佛羅倫斯近郊的卡斯德諾、布札諾城，大破黑黨的軍隊，當時是一三〇三年三月。然而好景不長，由於白黨內部有人背叛，於是白黨軍前功盡棄，因而敗退回來。

由於情勢的不利，認為這個失敗是起因於但丁的人，越來越多，於是中傷的聲音四起，但丁終於脫離白黨，從此以後倡導一人一黨主義，採取獨自的行動，展開自己的放蕩之旅。

但丁的妻子靜瑪，獨自一人留在佛羅倫斯，守著自己的財產，因為她是黑黨首領柯索・杜納蒂一族的人，因此她在佛羅倫斯，可說是相當的安全，因為她受到哥哥柯索的保護。

但丁在各國的宮廷當食客，過著放浪且不安定的生活，後來，他終於在義大利北部的拉芬拿定居，她也搬到拉芬拿和但丁一起居住。

靜瑪是一個相當樸素的女性，不喜好奢侈浮華的事物，不愛華美的服飾，從不穿紅色或白粉的衣服，她相當注重小孩子的教育，並且熱愛著但丁。

先到聖那的但丁，常常在保護著他的蒙弟鳩尼城塔上，遙遠的眺望著米蘭。

但丁想起自己在一三〇〇年五月，曾被佛羅倫斯任命為特派使節，出使到這裏的事；當時聖那這個都市國家，早就以塔而聞名，並且塔的數目逐漸的增加，現在數目已超過了七十二座。

但丁逃亡的第一天晚上，是住在卡斯他尼地方的莫諾羅，這地方是蓋爾菲黨和奇柏林黨之間，也就是佛羅倫斯共和國和封建諸侯的必爭之地。後來，被佛羅倫斯放逐的人，全都在此隱居。

但丁像（拉斐文畫）

但丁的側臉

首先我們先來看看但丁的側臉。

綜合但丁朋友對他的容貌言論，我們可以得知但丁有一個鷹勾鼻，黑色的鬍鬚，並且微微的捲曲著，外表看起來比實際年齡老成。

有一次，一個畫家道明尼克，曾為但丁畫了一幅肖像，然而但丁對畫出來的肖像相當不滿，要求畫家能否再畫得美一點！由此可知，但丁對自己的容貌，應該是相當的有自信。

對但丁的性格，有人批評他是一個美食家，並且也是一個大食客，在《神曲》天堂篇第三首九一～九三節中，有段話足以證實這點，那就是「當他吃飽後，假如對其它食物仍有口慾時，就算對一般的食物厭倦，並且再也吃不下時，仍會對他所喜愛的食物，執著的向他人索取！」從這一點來看，但丁相當重視口腹之慾。

傳說但丁很容易吸引住大眾的視線，有人曾誇獎但丁：「他是一個很不錯的人，他懂得如何撒嬌，讓人感到具有親切感；他在德行上也有一定的涵養，是一個善良、公正的人。」

當然，評價總是有好有壞，有的傳記家說但丁是一個詐欺家、小偷，同時還跟自己的弟媳婦通姦、鬧同性戀，任意咒罵他人；甚至還有傳言，說他曾夥同其它二人，在皮斯托雅城，趁著一貴族入浴時，加以暗殺身亡。

以上這些事情都無根據，只是有很多的但丁研究學者，抱有這種看法。有關但丁的性格，就介紹到此為止，現在我們繼續來探尋但丁的流浪生涯。

流浪之旅

放逐以後的但丁，最初曾在維洛那的史考拉家停留，他的城主是柏阿圖那・史考拉，他是一位相當英俊挺拔的君子，但丁曾接受過他的經濟援助，條件便是擔任這位城主的管家。在這段時間內，他在腦中構想著《饗宴》的大綱和內容，而這本書的書名本身就是暗喻，但丁希望能替那些整日忙於市政和世俗事物而無暇進修的王公貴族們，準備好一頓知識和科學的大餐。這本書的完成期間，約是在一三〇四年～一三〇七年間。

《神曲》的天堂篇第十七首五十五行，描寫著但丁的曾祖父卡加奎達，曾預言過但丁的流亡生涯，我們現在將內容敘述如下：

一切你所深愛的東西
你將會被迫放棄他們

因為流亡的弓箭射中了你
別人的食物多麼地難吃
別人的人生如何的困苦
你將親自去嚐試和品味

一般說來，滯留在維洛那的但丁，是比一般流亡者還要幸運的，因為他受到了史考拉城城主的敬重。在柏阿圖那死亡後，他的二哥繼承了城主之位，由於失去了像長兄般親切的柏阿圖那•史考拉，但丁便離開了維洛那。離開維洛那的但丁，沉迷在瓦都華的史格威尼教堂的李歐的壁畫。直到維洛那的城主過世後，由他最小的弟弟法藍基斯可繼任城主之後，才重新回到維洛那。

法藍基斯可是史考拉三兄弟中最偉大的人，同時也是諸侯中優秀的人物，當時的人都稱他為「偉大的漢」。在《神曲》中，有叫維吾多羅的神秘野獸出現，它將象徵貪婪的狼趕到地獄去。維吾多羅的原意是獵狗的意思，但丁將它解釋為「不以土地、金錢等世俗名利為食物，而是以智慧、道德和愛為糧食」，從某種意思來說，就是救世主的意思。

其後，但丁離開了維洛那，在北義大利的維內多和佛倫帝諾去旅行，在途中遇到了托利多基多拉・尼基。在一三〇六年時，到達維內雅拿，住在馬斯提那家的宮殿裏，同時擔任此家的法庭代理人，和魯尼雅瑪斯主教解決土地紛爭的問題。

另一方面，佛羅倫斯的黑黨兵士，強行進入但丁家，並且大力破壞家具；留字在家裏的靜瑪・杜納蒂，運用她靈活的手腕，將《神曲》的原稿偷偷的取出，託人帶到滯留在維內雅拿的但丁手中。維內雅拿的城主摩洛耶洛看到了但丁的《神曲》原稿後，深受感動和佩服，於是交還但丁，並且要但丁停止《饗宴》和《俗語論》的寫書，盡力完成《神曲》。

不久，但丁離開維內雅拿，滯留在托斯塔雅的山丘上的犖弟・來帝的宮廷裏，他們這一族曾經保護過但丁曾祖父卡加奎達。但丁在地獄篇第十六首第三十八行中，有詳細記載。

再過一陣子，但丁又在卡斯他尼處，認識了一位女性，並且和她陷入戀愛，並且作了一首《石之詩》贈送給她。然而她卻無法取代原先畢翠絲在但丁心目中的地位，這位女性只不過是畢翠絲的代替而已。

此時，佛羅倫斯決定對放逐在外的人進行一項特赦，而要獲得這項恩赦，必需先答應參加一項屈辱的儀式。

這項儀式便是要在頭部，用一個大罩子蓋住，並且手拿著蠟燭，組成一組隊伍在街上遊行，目的地是洗禮堂，當遊行到達洗禮堂後，所有的放逐者便要進入禮堂內，對守護的聖喬安尼像進行告白，並且支付一定的罰金。但是，但丁不願因參加這個儀式返回佛羅倫斯，因此，拒絕參加這個儀式。人人都稱但丁的這項舉動為「偉大的拒絕」，並且佛羅倫斯人也對他越發尊重。

拉芬拿的但丁

但丁終於來到了他放逐的終點站拉芬拿，然而這是何時呢？根據薄伽丘的記載，大約是在一三一四年；但其它的學者，卻認為但丁接受拉芬拿城主的招待，應該是在一三一九年。

拉芬拿的城主熱愛文學，並且是一個具有文化氣質的人，而拉芬拿的城民，個個勤勉工作，但丁幾乎是一到這裏便愛上了這片土地。不久，但丁的兒子皮索（Pietro）和愛柯波（Iacopo）和女兒安東尼亞（後來，安東尼亞將名字改為畢翠絲，並且進入拉芬拿修道院），都來到了拉芬拿，於是但丁一家人再度團聚在一塊，這段時間是但丁最幸福的時刻。

但丁在這裏得到許多的朋友，駐拉芬拿處的大主教來恩那佛洛利・康奎索，是但丁在波隆納留學時的同班同學，對但丁相當的照顧，因此，但丁專心的在他的著作上。也就是但丁在拉芬拿的最主要工作，要完成《神曲》。並且來恩那佛洛利也成了但丁對《神曲》中的若干疑問的解答者。因為思想先進的但丁，為避免他的文學著作受到異端的批評，因此，藉由來恩那佛洛利來使他的著作做些微的修正，以合乎世人的想法。

當時的拉芬拿大主教擁有相當高的權威，對於他的決定，梵帝岡的大主教，也不敢有任何的反對意見，因而但丁如魚得水般的從事自己的著作。

但丁在執筆《神曲》的著作時，有兩個問題一直環繞著他，那就是：

一、讓身為回教徒，但卻將亞里斯多德的自然科學全面性地改篇以適應現代用的馬格魯（Albertus Magnus，他同時也是但丁此方面觀念的主要來源），是否放在地獄的世界中，而相當的困惑。

二、將聖多瑪斯・阿奎諾（St Thomas, Aquinas）和他的論敵奇基耶里・布拉罕迪，在天堂界的第四天（太陽天）擺在一起是否恰當？而疑惑著。

關於第一點，但丁認為將他擺在地獄篇，是相當合理的事，不需特別擔心；

然而對於第二點，他卻相當的苦惱著。

何故呢？因為奇基耶里·布拉罕迪出生於一二二六年，當他在巴黎大學執教時，被其它哲學家控訴他的思想是異端，他為了抗辯而來到了佛羅倫多的教皇法廷，但卻被當地的狂熱主義的僕人所殺害。

當然，但丁是聖多瑪斯學說的擁護者，只是後來他將異端的學說加以改正後而信賴之。

由於愛好學問研究的大主教，對但丁保證這些人的安排，絕對不會有任何的問題，因此，但丁才能安心的繼續寫下去。

作為全權大使

但丁在拉芬拿的生活，可說是書房的生活，只是有時聽從城主的命令，代表他參加對外的活動；基本上但丁的生活一直是在寫作《神曲》。

例如，在一三一九年時，但丁奉城主之令，出席曼多華的學術會議。這會議的主題是海，內容是要辯論海在基本上是比陸地還低，但因地點的關係，海有時會比環境在他周圍的陸地還高。關於這一點，但丁抱著否定的態度，至於他所陳述的內容，我們可以從他的小論文《水陸篇》得知。

義大利的周圍環境，亞得里亞海（the Adriatic Sea，義大利半島和巴爾幹半島間的海洋）已日漸的後退，拉芬拿已是一個內陸的都市。但在十三、十四世紀時，拉芬拿四周仍是海，並且有許多優異的港口，有聖母瑪麗亞艦隊，也有聖母瑪麗教堂等。

當時，拉芬拿地有鹽田的存在，在當時鹽田是國家經濟的重要存在，想要經營鹽田，就必需先將水位保持一定的水準，因此，但丁出席曼多華的會議，不僅只有學術上的興趣而已。

但丁之死

在一三二一年，拉芬拿發生了一件大事，那就是拉芬拿的水手和威尼斯的水手間，發生了互鬥，威尼斯的水手死傷慘重；於是，威尼斯的首相以此作為藉口，想要侵占拉芬拿的鹽田。此時，但丁被任命為全權大使，出使到威尼斯去，代表拉芬拿的城主說一些道歉的話，並且答應處罰暴行犯人。因此，威尼斯首先答應不再追究這個問題，於是但丁的外交交涉任務成功完成，而拉芬拿的危機也就消失了。

然而找麻煩的威尼斯首相，不准但丁坐特派船回去，不得已之下，但丁只好搭乘定期船歸國。然而在途中，但丁不幸感染到瘧疾，而高燒不退，於是下船，並雇用木筏，可是禍不單行，在波河河口時，船橫斷了，於是但丁在洪波拉修道院借宿一夜。

第二天，但丁渡過海洋、穿過沼澤地帶，在九月中旬的義大利烈陽照射下，對染病的但丁而言，實在是一趟相當艱苦的旅行。

在半生半死狀態下回到家的但丁，立刻被送到床上，此時，他的家人都在旁服侍著，就連外出相當不易回家，拉芬拿修道院當修女的女兒畢翠絲，也擔心的坐著。一三二一六年，拉芬拿城主派遣侍醫前來醫治，然而已奄奄一息的但丁，在友人和親人的環繞之下，詩聖但丁，終於在一三二一年九月十三日～十四日晚間逝世，享年五十六歲。

第二章　流浪旅途之詩

《神曲》中的風景

回憶的景色

但丁在死前一直是躺在床上的，萬般無奈下，他不禁回想起自己的一生。他快樂的回想著少年時代的交友和狂歡，也想起他對畢翠絲的初戀，和詩友奎多・卡瓦康尼的交往等往日的歡笑情境；他也想起了自己和佛羅倫斯的黑黨政治家龐尼菲斯八世衝突的痛苦生涯；一切的甘苦，如走馬燈般的一一浮現在他腦中。並且，喜歡旅行的但丁，在他被放逐後到處流浪時，所眺望的風景，也色彩鮮明的呈現在他眼前，他將心中對這些美景所產生的感觸，紛紛作詩加以描述起來；這些歌詠義大利美景的詩，都被收集在《神曲》當中。

下面所介紹的各詩，其出所的表示如下：

〔地〕指地獄篇、〔淨〕指淨罪篇、〔天〕指天堂篇，並且，其下面的數字分別代表出自於第幾首第幾行，希望各位能夠了解。

佛羅倫斯

三點和九點時的鐘聲依舊響起
在古老的城壁裏的佛羅倫斯
仍舊保持著原來平和，清潔的真面目
——〔天〕一五、九七～九九

於是，我在古老的洗禮堂中
變成了基督徒卡加奎達
——〔天〕一五、一三四～一三五

請告訴我
那時的聖若窩尼的羊檻有多高呢
有誰能夠適合呢
——〔天〕一六、二五～二七

佛羅倫斯（十四世紀的街畫）

佛羅倫斯和平結束時
必需在保護橋的兩旁
奉獻犧牲的祭品才行
——〔天〕一六、一四五～一四七

亞諾河

發源於瓦內杜納的小河
在托斯卡尼地方的中央擴展成一條大河
就算說是百哩的水路也不十分過分
——〔淨〕一四、一六～一八

沿著拉芬斯的綠色丘陵而下
幾條柔軟、涼爽的小河流
在途中注入了亞諾河
——〔地〕三〇、六四～六六

菲雅索

古早從菲雅索掉下的岩石

在今日仍具有山岩的性質
然而我們的市民卻變得忘恩和邪惡了
——〔地〕一五、六一～六三

羅門

有一個叫作羅門的地方
在那裏有巴德斯卡的石像
他因偽造貨幣而被處火刑
——〔地〕三〇、七三～七五

比薩

在獄房狹小的窗口中
我看過了好幾次的月亮盈缺
這裏有「飢餓」的稱謂
——〔地〕三三、二二～二四

蒙德斯鳩城

在蒙德斯鳩地的圓形城塔的周圍

裝飾著花朵

——〔地〕三一、四〇～四一

阿利亞河

大屠殺中所流下的鮮血，將阿利亞河染成紅色一般……

——〔地〕一〇、八五

歐斯地諾城

這片土地和維吾拉底‧馬魯拉家相接
如果你知道有關這片土地的事，請你告訴我
我曾經是這個地方的擁有者
我的名字叫做佛羅拉多‧馬拉斯提那
我不是老的長者，而是他們的後裔
我將我這一族純潔無私的愛，奉獻在這片土地上

——〔淨〕八、一一五～一二〇

魯卡

請仔細的瞧著，好像要在眾人中挑選出一人般地
我比他人更想知道我的魯卡，因此加以選擇
它竊竊私語的對我說「傑都卡」
讓我有這樣的感覺
——〔淨〕二四、三四～三八

聖耶里阿諾山

因為它的阻攔，我們無法看到魯卡
山上有狼群和小狼到處狩獵著
防止導遊和隊長的踏入
——〔地〕三三、二八～三〇

西雅那（Siena，義大利中東部古城）

那是佛羅倫山撒魯娃尼
它傲慢地將西雅那環抱在自己手中
它持有著這樣地想法
——〔淨〕一一、一二一～一二三

它在有廣大的名譽和地位之時
拋棄了一切的恥辱
自西雅那廣場進入
——〔淨〕一一、一三三～一三五

卡布諾拉城（希臘的附近）

我曾經看過由卡布諾拉城集結的士兵
這些士兵對將面對敵人的惶恐
清清楚楚的呈現在我眼前
——〔地〕二一、九四～九六

卡魯瓦地諾

「連父母的墳墓都看不到般的那麼遙遠
把自己從卡魯瓦地諾搬運走
究竟是怎樣的命運的力量呢？」

卡魯瓦地諾

他回答說「卡魯瓦地諾山麓的發源地
卑尼諾山上有隱者隱居著
山上有亞地亞諾河橫向流著
那個河流的名字叫做消失的地方
我的喉嚨被射穿，並且在平野上徒步逃跑
我流著血來到這裏」
——〔地〕五、九一～九九

卡馬多耶里山

太陽下山後，惡魔從普來多馬里歐
來到廣大的柳阿那溪谷
用雲蓋住天空，上空充滿了水蒸氣
而充滿水氣的大氣，在此化為水
——〔淨〕五、一一五～一一七

阿爾比雅河

充滿兇暴力的阿爾比雅河

在它的河口處
我發現它流向阿魯諾河

——〔淨〕五、一二四～一二六

卡拉拉山

和培利西雅的腹部相背著
那是阿努達，它從奴依人手中奪回
在它的下面，有卡拉拉人在耕作著
他們在山中的白色大理石洞窟中居住著
在那裏眺望著星海
從來沒有被其它人妨礙過

——〔地〕二〇、四六～五一

培多拉帕諾

就算是它上面的培魯德里基山
和培多拉帕諾山崩裂掉下來
也不能將它的邊緣打裂

——〔地〕三二、二九～三一

努尼

如果你想要瞭望努尼和佛諾里山基
是如何滅亡的，你就必須透過
裘西和西米拉底的足跡去追蹤和眺望！

——〔天〕一六、七三～七五

培斯多里亞

培斯多里亞、培斯多里亞啊！
你所做的壞事已超過前人了，
為了不讓後人超越過你，何不下令將剩下的人燒成灰呢？

——〔地〕二五、一〇～一二

阿里索

我是阿里索地方的人，我在仙諾的阿爾貝諾
被人用火燒死

——〔地〕二九、一〇九～一一〇

馬連那

討厭耕地的土地的野獸們
是伽奇那和佛連多的棲息處
是一個荒蕪而茂盛的森林

——〔地〕一三、七～九

波河口

我的妻子從波河溪谷來到我的身邊
你的姓就是那個出租的婦人

——〔天〕一五、一三七～一三八

維洛那

我曾經擔任過維洛那的聖雷蒙修道院院長

——〔淨〕一八、一一八

想得到綠色的布
就如同在維洛那的平原奔跑般

——〔地〕一五、一二一～一二二

柔馬諾丘陵

幾亞多普倫多河及皮亞葛拉河兩河匯集處
在義大利中帶著大量的水源和泉水
是一個邪惡地方的一部分的山丘

——〔天〕九、二五～二七

歐里亞諾

住在我內心的靈魂因受到深深的傷害而流著血
在安底里諾的懷中接受安慰
那是一片充滿安全和信心的土地
……中略……
在歐里亞諾處，我被追上了
假如我能逃到米拉，
我現在一定還活著聲息相通的世界吧

——〔淨〕五、七二～八一

帕度

帕度的民眾因好打架而違背了義務
不久將在維琴斯亞的水沼旁
透過洗身的方式，而有一番改變

——〔天〕九、四六～四八

佛里優里

坦尼亞曼多河和阿里基河兩河
所包圍住的現代民眾
在不知不覺中輸了，也決不會後悔

——〔天〕九、四三～四五

培多費羅

在西雷河和坎得拉河的交流處

——〔天〕九、四九

威尼斯

威尼斯人在冬天
替他們破損的船重新修補和上漆之時

便會煮黏黏的瀝青

——〔地〕二一、七～九

帕度的監獄

維魯多羅的無道的牧師，會因他的罪行而哭泣著
但他所犯下的眾多嚴重的罪刑
就算是放入地獄的人也難以和他比擬

——〔天〕九、五二～五四

阿里幾耶里的山崩

也許是支撐力減弱的緣故，托連多的這一邊
阿里幾耶里河的這一側面崩倒
像山崩般地，岩石由山頂滾下
而在平原處碎裂成小石子
在上面行走通行的人
好像沒有不能去的地方

——〔地〕一二、四～九

阿爾卑斯

在綠葉和黑色樹枝下的阿爾卑斯山
其影子映在涼爽的河流上
這蒼白的蔭影隨著河流的終點而停止
——〔淨〕三三、一〇九～一一一

阿魯大湖

位在義大利北方的阿魯大原野的山麓
在培利拉底的上方觀畢拉摩尼亞的附近
有一個湖泊，稱之為培那哥
阿魯大和培利諾和卡摩尼拉峽谷之間的土地
水源相當的豐富
有上千個噴泉聚集在那裏而形成了湖泊
——〔地〕二〇、六一～六六
（阿魯大屬阿爾卑斯山脈，畢摩尼亞在德國，培利諾屬亞培尼山脈。）

蒙鳩河

在河流的不遠處有塊窪地
在那裏擴大形成沼澤
在夏天往往形成不健康的場所
（蒙鳩河發源於美納湖。）

——〔地〕二〇、七九～八一

曼都

他們在她死後的骨頭上建立了城市
根據他的占卜而暫時棲身於此
因此按照她的名字命名為曼都
（占卜師葛來西亞的女兒曼都在被放逐後，來到義大利的農巴魯底的地方，開始以占卜為生，並且也在當地死亡。）

——〔地〕二〇、九一～九三

然後，溫柔的導遊
開始稱呼它為「曼都」

——〔淨〕六、七一～七二

（羅馬的詩人維吾幾里歐是《神曲》中但丁另一個世界中的嚮導，他也是曼都出生的。）

波納

宛如被羅納河所污濁的阿吾底
關閉義大利的國境加以清洗
那是在接近阿魯納的波納城
——〔地〕九、一一二～一一四

（羅納河是法國的羅穆河，阿利亞是法國的阿魯魯，卡魯納諾是伊特利半島的一個海灣，波納是伊特利半島的一個都市，是古代羅馬人墓地的所在地。）

米蘭

當我和米蘭人說話時，內心充滿了苦悶
在善良的皇帝巴德巴魯卡在位之時
我是維洛那聖雷蒙修道院的院長
——〔淨〕一八、一二〇～一二一

（巴德巴魯卡是普雷理哥一世的異名。）

維魯歇里

從維魯歇星傾斜至馬魯卡波
都是美麗的原野　——〔地〕二八、七四～七五
（維魯歇里是雷蒙地方的都市，馬魯卡波是波河口的都市，在拉文納的領土之內。）

亞歷山大

幾耶多侯爵坐著仰天
為了他，亞歷山大陷入了戰爭
讓蒙斐拉多和卡拿威里都感到悲嘆　——〔淨〕七、一三四～一三六
（亞歷山大是北義大利的都市，蒙斐拉多是一個丘陵地帶，它是波河口和奇魯拉佛利亞所交換的城市。）

蒙費洛山

波河洗淨了它的山岩

——〈天〉六、五一

（蒙費洛山是為了波河北方阿爾卑斯而歌詠的，讓人想起越過此山的達但奇的漢尼巴將軍。）

達芬尼亞河

一條美麗的河在希多里亞和阿固拉基之間

我的家族稱號

便是由這條令人誇讚的河名所得到的

——〈淨〉一九、一〇〇～一〇二

（日內瓦的東方希多里亞河和阿固拉基河所挾的河流，總稱為達芬尼亞河，達芬尼亞伯爵的名字便是由這條河而得來的。）

雷利濟和托洛比亞之間

和雷利濟和托洛比亞之間

荒蕪且嚴重崩裂的小徑相比較
這是一條容易輕鬆的樓梯　　——〔淨〕三、四九～五一
（地中海沿岸的達斯比亞和尼斯之間的二個小城市——雷利濟和托洛比亞，以它們相連的危險困難的小路而出名。）

地中海

「圍繞大地的海中，是最大的溪谷」
他以這樣作為開場白
又「不相容的河岸
逆著太陽望去，沿展到遙遠的地方
本來是地平線的所在處
變成了子午線」　　——〔天〕九、八二～八七

波河的三角洲

我出生的土地

被波河的使者貫注了和平
在海邊的那裏　　——〔地〕五、九七～九九
（這裏所指的是拉文納的君主的女兒佛蘭基斯卡尼基尼。）

羅馬尼亞

請告訴我羅馬尼亞是在和平或戰爭中
在維地諾和歐魯河的
發源地的山中
我出生了　　——〔地〕二七、二八～三〇
（羅馬尼亞的東面是阿得里海，西面是伯羅尼亞，南面是阿卑寧山脈，北是波河所圍繞的地方。講話的人是羅馬尼亞的維吾拉黨領袖蒙德斯鳩出生的賴都。）

拉文納

拉文納和以前並沒有任何的改變

佛瑞斯塔的鷲在此孵化它的蛋
在歐斐歐的翼下所掩護　　——〔地〕二七、四〇～四二
（但丁的最後保護者普利多諾費魯拉佛倫達支配著的國家，是位在波河
和阿卑寧山脈，以及阿多利海所環繞的地方，它的紋章是一隻鷲。歐斐
歐是拉文納南部海岸的一個城市。）

甜蜜的空氣如同往常一般的流動著
吹在我的額頭上，它的樣子
就如同微風一般
所有的樹枝都受到此風而微微震盪著
並且將它們的影子
投身在神聖的山的方向
但是樹木的姿勢並沒有改變
因而樹梢上的小鳥
也不會捨棄樹葉而去

高興的在樹枝當中
迎著早晨的初風
樹木在耶柔諾之下大放異彩
將雅西海邊松林的樹根聲音
加以收集起來
小鳥們也配合著唱著歌調

——〔淨〕二八、七～二一

（這是歌詠地上樂園的詩，但丁回想起拉文納附近的廣大森林而作出的詩。耶柔諾是希臘神話中的風神。）

馬魯卡・安東尼奧

如果你要拜訪羅馬西亞和卡魯諾
之間的國家的話

——〔淨〕五、六九～七〇

（馬魯卡・安東尼奧又名馬魯卡・塔諾那，是拿波里王國和羅馬尼亞所挾住的國家。）

卡建倫塔

卡建倫塔傾斜著
在此瞭望時，如果塔上的雲飛走的話
塔好像向自己這邊方向傾斜一般　　──〔地〕三一、一三六～一三八
（卡建倫塔是位在佛羅尼亞中央有名的斜塔，但丁在佛羅尼亞大學留學時，當對這斜塔的有關事項記載著，在《神曲》的地獄篇中，用來形容巨人。）

摩連那

他們對摩連那和培魯里
有著深深的憂慮　　──〔天〕六、七五
（前者是雷蒙拿州的首都，培魯里則是佛倫西雅州的首都。）

維吾里

接受了長久的試鍊的都市

在染上法國人的血的墳墓
如今卻在綠色的爪子之下　——〔地〕二七、四三～四五

（一二八一年教皇馬阿地諾四世，派遣法國人和義大利人所組成的維吾爾黨的聯合軍到羅馬尼亞，要他們攻擊當地的奇柏林黨，當時維吾里的維吾黨領袖維吾多蒙德梭羅打敗了他們，因此支配了維吾里，他們的紋章是金色的上半部加上一隻綠色的獅子。）

法沿索

達摩洛和珊卓拉都市　——〔地〕二七、四九

（達摩洛河畔附近的城市佛羅倫斯，而珊卓拉河畔的都市是依摩拉。）

利米尼

維幾尼亞的二隻老弱猛犬
在往常的地方將牙齒磨尖而使用著　——〔地〕二七、四六

（維幾尼亞是在北義大利尼基尼西南的馬拉帝斯家的城堡，這裏所謂的

老犬是在地獄篇第五首登場的投洛羅的兄長然伽多，他的父親馬拉帝斯卡維吾幾歐而言，而年輕的狗則是指他的長子，和上面所述二個人是同父異母的馬拉斯帝諾而言。）

卡都拉達

它發源於蒙得・瑞魯
向東流至阿卑寧諾的左側山腰附近
侵流注本來的水路
由阿給達上流流向低地
但是到了佛里魯的時候
則稱為井彼之蕭歌
那河收容了上千的人民
聖培內斯托・阿魯培處
一拳落下，好像發出轟一般的聲音
——〔地〕一六、九四～一〇二

（蒙多河是從阿爾卑斯山脈中的高山蒙都・諾耶諾，也就是蒙地羅，而改流向至東方，流至阿卑寧山脈的左斜面，而和波河相接，流入大海。這河的上流叫做阿達斯柯拉，過了佛諾里就叫作蒙多河，這河流在聖培內斯托．阿魯培修道院附近落下，急流至北方。）

珊提留

要到珊提留，必須向走到摩利亞
或是必須攀登卑斯麥山的山頂
完全靠著雙腳的力量　　——〔淨〕四、二五～二七
（珊提留是佛洛斯諾公國的一個小城市，摩利亞位在西提吾雅地方的勞芬那和維那蕾之間，是一個相當難以接近的都市，卑斯麥山是一個南部的山名，並且也是它旁邊的村名。）

蒙德佛洛斯多羅

我是出生於佛地諾和德瑞魯河處
都是發源在山中的　　——〔地〕二七、二九～三〇

（說話的人是維多羅・蒙得維多拉，他是羅馬尼亞的奇柏林黨的領袖，他的出生地是在蒙德佛洛斯多羅，也就是在佛地諾河和德瑞魯河的水源中間。）

阿西基

德瑞諾河和聖馬魯多
在選擇下的丘陵之間流下
就在高山肥沃的斜面垂直流下
因為這個緣故，培魯加受到側面培魯拉索的
暑氣和寒氣影響，因此它斜後面的
蒙多拉和華魯多皆哭泣著

——〔天〕一一、四三～四八

（德瑞諾河是阿西基城市的蒙德・斯巴西丘陵的南麓流著的河流，聖馬魯多是一一二九年至一一六〇年間擔任魯基歐的主教。他所選擇隱居的丘陵，便是聖馬魯多丘陵。所謂的培魯拉索，是指培魯加東面的城門，蒙多拉和華魯多是丘陵東面的二個村莊。）

拉提歐

你自稱為馬柯畢歐
在巴黎，也被稱為細密畫藝術的歐幾基里
是不是如此呢？——〔淨〕一一、八〇～八二
（馬柯畢歐就是現在的胡畢歐，但丁小孩子的家庭教師，曾住在維洛內・拉費利拉的家。歐幾基里是當時有名的細密畫畫家。）

波歐那湖

洗淨波歐那的鰻魚和維那夏——〔淨〕二四、二四
（波歐那湖是拉基歐州的維德洛附近的湖泊，自古以來就以養殖鰻魚著稱。維那夏是產白酒的地方，原產地雖是薩如地那島，但是後來在拉芬加附近的吉利柯力烈山也有生產。）

卡多利亞

在義大利的兩個海岸之間

在你故鄉不遠的地方所發生的雷鳴
在遙遠且高聳的岩石上也可聽到
於是稱為卡多利亞的山峰形成了
在山麓上
有一處為神聖禮拜習慣所使用的庵

——〔天〕二一、一〇六～一一一

（在提利亞海和阿多利亞海之間，離但丁的故鄉佛羅倫斯的不遠處，也就是在培畢歐和培魯格拉之間，有一塊稱為卡多利亞的岩石，在那裏有一間卡馬魯多利派的修道院。但丁曾經到此地拜訪過。）

基它・卡斯拉那

但是金山金基想要治好癩病
於是他去尋找席維斯托洛
並向席維斯洛拜託、拜託……

——〔地〕二七、九四～九五

（金山金基帝因迫害基督教徒，受到上天的處罰而得到癩病，醫生為治好他的病，要收集小孩的鮮血，來讓皇帝洗浴，因此將許多小孩子集合在宮廷中；小孩子母親因擔心小孩的安危，發出悲泣的聲音；這聲音傳到了天庭，在黑夜中，聖彼得和聖保羅出現在皇帝的面前，要他去找席維斯托洛，當時席維斯托洛為避免遭受到迫害，在基它•卡斯拉那附近的山中隱居著。金山金基大帝到了那裏，接受基督教教徒的洗禮後，癩病便全好了。）

維斯卡美

我默默的沿著森林中的小溪行走著
走出了森林，來到了這個地方
那個紅色的雲再度讓我大吃一驚
正如娼婦們所分享的
由維斯卡美流出的小河
穿過砂原流出一般
——〔地〕一四、七六～八一

（維斯卡美是維多烈附近溫泉的一個源泉，從那裏流出的溫泉水，非常適合一般人洗溫泉浴時使用。）

蒙斯提．卡地利諾

中間有卡地利諾山的山頂
從前誤信錯誤信印卻不加以矯正的人
常常走過那裏
對這片崇高且具有真理的地方
我借用初次帶給我們這塊神聖之地的人的名字
來稱呼此山　　——〔天〕二二、三七～四二

（說話的人是聖培利多，但是當時南義大利的卡細諾人依舊信仰著古代神阿波羅，並且建有參拜的神殿。紀元五二八年，聖培利弟毀了這座神殿，另外又建立了培利斯多會的修道院。）

卡烈拉灣

一年以前在卡烈拉灣的附近

（尚未正式命名以前）

隱藏著我和他的分手　——〔地〕二六、八九～九二

（說話的人是普利斯德，亦即尤里西斯；根據傳言，他曾在卡烈拉受到妖女的禮遇。卡烈拉是在羅馬的南部，阿卑那附近的港口；從托洛里逃出的尤里西斯，由這裏登陸義大利，將已死的保姆卡烈拉安葬在此地，並將此地命名為卡烈拉。）

巴林

把巴林・卡烈拉・卡多那作為境界
佛羅倫多河和維吾兒河貫注入海
阿索尼亞的角笛正吹奏著希望　——〔天〕八、六三～六五

（巴林是阿多利那海沿岸的南義大利都市，卡烈拉是培利尼亞海沿岸的南義大利都市，卡多那也是南義大利的都市。佛羅倫多河流經邁可多州和拿波里王國貫注入海。維吾兒河稱之為底底河，或是卡里底耶諾河，和佛羅倫多河共同為拿波里王國北面的國境。阿索尼亞則是義大利的古

名，而這裏所謂的角笛，便是意指拿波里王國。）

拿波里

我投宿時投影的肉體埋葬之處
現在已是黃昏了
那裏便是拿波里
我從普林底歐被移到此處
——〔淨〕三、二五～二七

（普林底歐也就是普林底西和拿波里，這裏便是維吾幾歐死亡和埋葬之處。）

薩魯德尼亞

我在斯龐尼亞和摩洛哥的海岸眺望著
周圍被地中海所環繞，並加以洗滌的
薩魯德尼亞人的島
和諸如此類的其它島嶼
——〔地〕二六、一〇三～一〇五

（薩魯德尼亞便是薩魯德尼亞島的意思。）

關於婦女貞淑的這一點
薩魯德尼亞的巴魯巴西亞
比巴魯巴西亞
有更多貞淑的女人　——〔淨〕二三、九四～九六
（巴魯巴西亞是薩魯德尼亞山地的柔諾旁邊的村子，當地的女人有穿著敗壞風俗的服裝的習俗。我的巴魯巴西亞，意思便是指佛羅倫斯的婦女和她們比較起來，還算不錯。）

卡魯拉

梅力諾軍營的陣地裏翻騰的毒蛇
不像卡魯拉的雄雞
成為她墓地更好的裝飾　——〔淨〕八、七九～八一
（卡魯拉是薩魯尼亞島上的一個州市。尼諾・維內斯康第在一二七五年

時，曾擔任卡魯拉州的州長，他和祖父摩尼歐伯爵一起參加比薩的國政，但是後來二人反目成仇，離開了比薩，在薩魯地尼病歿。梅力諾的佛洛斯家族的紋章是毒蛇，卡魯拉家則是雄雞。尼諾的妻子是阿必歐二世的女兒，在她當寡婦後，和米蘭的領主巴迪歐・佛休斯貫的小孩馬來亞修・維內斯康第結婚。）

羅夫洛

羅夫洛的豆諾・米歐珊里斯和他的好朋友
一同談論著羅夫洛
都不會感到疲倦　　——〔地〕二二、八八～九〇

（羅夫洛是在薩魯尼亞島西北部的州，豆諾・米歐珊里斯是培德力二世的庶子，在薩地亞王在位時，擔任羅夫洛州的長官。並於一二七一年和原鳩的寡婦阿德拉西結婚，育有一女，但在一二七五年時，被他的女婿所暗殺。）

卡布利亞海岸

那是因為它的源泉培諾拉被高山所切離
——〔淨〕一四、三二
（培諾拉是西西里亞島東方的一個海岬。西西里亞島在古代是隸屬於義大利半島的一部分，由於地勢的變化，被認為是和義大利半島分開。）

凱力第的漩渦

凱力第的波浪互相沖擊著
在衝突之下，散成了碎片
這些人也必須繼續跳著圓舞曲才行
——〔地〕七、二二～二四
（古代的詩人常歌詠的有名漩渦，從伊歐尼亞海的潮水，和培利尼亞海來的潮流，在蒙西拿海峽相接，形成的特殊景觀。）

多林耐古利亞

從耶吾洛吹來強勁的風
巴幾歐海峽和培多利海峽之間

都是為了吹走培利非露那裏所產生的硫璜
那個美麗的托里納庫里
卡魯洛和理多魯克的後裔也在此出生
依舊存在著重登王位的希望
如果使民眾受到虐政的苛待
將會動搖巴雷都摩
死掉吧！死掉吧！
如果沒有發生民眾大叫要他死的話語

——〔天〕八、六七～七五

（卡達尼亞海灣經年受到強風的襲擊，巴幾歐海峽和西西里島東南方的海峽，今日統稱為卡波撒瓦。培多利海峽是西西里島東北方的海峽，今日稱之為卡波發洛。托里納庫里是西西里島古代的名字，他代表有三個海峽的意思，這三個海峽便是先前所介紹的卡波撒瓦、卡波發洛和卡波馬魯撒洛。卡魯洛和理多魯克的後裔有卡魯馬利德洛和他的祖父卡魯洛一世的外甥和前者的妻子克萊門的父皇劉魯荷的子孫。「死掉吧！死掉吧！」是指一二八二年西西里島的晚禱事件。）

培多納山

「良好的伯明罕，救救我吧！」這樣地大叫著
蒙奇伯爾的工廠中的其它巨人
親近的讓他工作，使他疲勞……　——〔地〕一四、五五～五七

（蒙奇伯爾是古代的培多納山的古名。）

羅馬

在那時你們普契萊多里
就已經贏不了蒙得曼羅　——〔天〕一五、一〇九～一一〇

（普契萊多里是距離佛羅倫斯五海哩的山，從佛羅尼亞來的旅人在那裏眺望著佛羅倫斯。在這裏是用來影射佛羅倫斯的華麗時使用。而蒙得曼羅則是今日蒙多馬利歐山，也就是羅馬郊外的山。在這裏是華美的羅馬代名詞。）

那是席吾雷洛之年

有很多的群眾聚集
羅馬人巧妙的運用技巧
讓他們渡橋
通過橋的人，臉部向著城堡行進
走到聖保羅處，橋的另一方的人
則走向丘陵去　　——〔地〕一八、二八～三三

（席吾雷洛是指聖年而言。第一次的聖年是在一二九九年時的耶誕節至一三〇〇年的耶誕節，在這段時間內，只要到羅馬的教會作一番巡禮，便可將身上的罪障褪去。所謂的城便是指聖天使城而言，在它的南端則是聖彼得教會。）

伊利奇和他所愛的孩子們
一同迴轉著每日支配的方向
使得尚未開化的人開化
拉給拉諾卓越的時候

看到羅馬壯大的事業時
相當的吃驚，從人類界到神界
從時間所限制的地方到永劫的地方
從佛羅倫斯到正確健康住民的地方來的我
感到相當的滿足和吃驚
——〔天〕三一、三一～四〇

馬奇卡諾

在馬奇卡諾和其它羅馬地區中
選擇出一塊地
成為培利多羅軍人的墓地
便可從姦淫中獲得解放
——〔天〕九、一三九～一四二
（服從培利多羅軍人，便是聖者和殉教者。姦淫便是對神的不敬。）

第三章　但丁和羅馬教皇

對教皇的敬意和批判

十二人的教皇

但丁在《神曲》中，將許多的羅馬教皇放在地獄界的墮落篇，因此，很多人認定他是一個反宗教、反基督教和反羅馬教皇的人。事實上，但丁本人是一個相當虔誠的天主教教徒，對羅馬教皇，但丁相當的尊敬，關於這一點，有記錄可加以證明。

但丁認為現世只是暫時的住所，死後彼岸的世界才是真正的住所。他常常表明類似這樣的思想，他常說「現世的人都只是一個旅行者」（《神曲》淨罪篇第十三首中），我們便可看出，他真的是一個天主教的信徒。

而但丁在遭受政治批判時，為何是採取忍讓的態度呢？要解答這個問題，首先，我們要先來了解身為社會人且活躍的但丁的立場，同時也要清楚知道當時佛羅倫斯的政治情勢。在一三〇〇年左右，但丁加入佛羅倫斯的白黨，開始步入政治家的世界，並且他發現了一項重要的事實，那便是佛羅倫斯政治情勢的良好與否，只靠但丁一個人的努力是不夠的，因為當時的佛羅倫斯，一直受到歐洲政界的二大實力者——羅馬教皇和聖羅馬帝國皇帝，彼此之間力量的關係所左右。

當時但丁家是屬於維吾爾黨，因此，在坎培布弟諾戰役時，但丁自己本身也是維吾爾黨的一員，而與奇柏林黨敵軍戰鬥。

大致上來說，義大利人多支持羅馬教皇，而支持神聖羅馬帝國皇帝的，則以德國人、波斯人為主；因此，但丁對羅馬教皇較為親近，當然是可想而知的事了。

但丁政治家的經驗累積的越多，更能從現實的角度去考量事件，因此他對當時的羅馬教皇，也就用批判的眼光來看待；他越了解教皇的實際為人，就越對教皇的思想和行為感到不滿。

究竟但丁曾遇到那幾位教皇呢？他們又曾採取怎樣的行動？我們現在將一二七

代	教皇名	在位
182	維吾利歐 10 世	1272～1276
183	伊諾歐索 5 世	1276
184	阿諾利亞諾 5 世	1276
185	劉梵尼 21 世	1276～1277
186	尼哥拉 3 世	1277～1280
187	馬拉帝諾 4 世	1281～1285
188	奧諾利歐 4 世	1285～1287
189	尼哥拉 4 世	1288～1292
190	歐世迪歐諾 5 世	1294
191	龐尼菲斯 8 世	1294～1303
192	班尼狄克 11 世	1303～1304
193	克萊門 5 世	1305～1314

羅馬教皇和在位年代

維吾利歐十世

伊諾歐索五世

六年至一三一四年間在位的十二位羅馬教皇，一一加以列出。各個教皇的名字和在位年代分別在上頁表表示。

現在我們來看看各個教皇的行動。

義大利人的教皇和法國人教皇

在維吾利歐十世在位以前，教皇的位置曾經從缺將近二年半以上，那時因為選擇教皇的樞機卿們，並沒有一致且共同的意志。

當時的樞機卿共分為二派，一派是想要推選法國人當教皇，於是他們推派拿波里王族的人出來繼承，而另一派人則希望推選義大利人當教皇。

因為這個緣故，而無法決定新的教皇，於是維力斯德波司令官下令拆掉選舉教皇的主教堂。

一般而言，南歐洲很少下雨，但是，偶爾也會下下暴雨。缺少屋頂庇護的樞機卿們，終於在暴雨的侵襲之下，停止爭論，並且開始進行投票，進而選出一八二代教皇，稱為維吾利歐十世，當時是一二七一年九月一日。

新任教皇，當然希望自己也是神聖羅馬帝國皇帝，然而這個希望一直沒有完成，那是因為羅諾魯何拉斯科答應將參加十字軍東征，於是便將他封之為神聖羅馬帝國的皇帝，以作為報酬。

而當時教皇的最大工作，只不過是召開比昂的宗教會議而已。

接著皮耶多里•坦西亞出生於一二二五年的薩波里亞地方，他在年輕時，加入多明尼哥會，是聖湯瑪斯的繼承人；並且由於他的學識高超，他也是巴林大學的教授。維吾利歐十世在位時，他被任命擔任比昂的大主教，後來也參加了比昂的宗教會議，同時也從事和東方教會的和解工作，他也曾和亞洲的韃坦人首領，進行和平的談判等工作。

後來他在一二七六年時，被選為一八三代教皇，並命名為伊諾歐索五世；他在羅馬即位，並且開始進行維吾爾黨和奇柏林黨之間的和解。

除此以外，他還平息了比薩和魯卡之間的紛爭，甚至進行其它地方的和解工作等等。

其它想作而未作的尚有和羅馬帝國皇帝進行交涉，因他突然的逝世，而一直沒有完成。伊諾歐索五世在位僅有五個月便英年早世。他的遺體埋葬在羅馬的聖婁芬尼・馬德拉諾教堂裏。但丁對伊諾歐索五世並沒有留下太多的評論。

「貪婪靈魂」的主人

接下來被選為教皇的人是一八四代的阿諾利亞諾五世。在教皇選舉之前，恰逢安底家的卡魯諾來到羅馬，對眾樞機卿進行遊說，因此在教皇選舉前，事實上早已內定好了。

阿諾利亞諾五世出生於日內瓦的拉文納貴族，也是教皇尤間諾四世的外甥，他在尚未擔任教皇前，曾做過坎德培利、那魯馬和納斯等地的助祭長；他也曾希望改變比昂的宗教會議規則，但是一直沒有成功。

他是在一二七六年七月十日被選為教皇的，但那年的義大利相當的酷熱，因此，登基儀式延期，到維德魯哥的教皇別墅去避暑。又過了一個月零八日，也就是在八月十八日，阿諾利亞諾五世在維德魯哥處去世。遺體就埋葬在維德魯哥的法朗基斯柯教會。

但丁對這些教皇，究竟是有怎樣的評價呢？

在《神曲》中，但丁將教皇死後放在淨罪界第五單元裏，放入將洗淨貪婪和吝嗇之罪的場所。而教皇阿諾利亞諾五世，則被判定犯了貪婪之罪。在《神曲》中，但丁也曾以主角登場，我們現在來將當時的狀況說明一下。

但丁在淨罪界第五單元中，敘述著他剛踏入時，有許多的亡靈伏在地上哭泣著，有一個亡靈特別吸引住但丁的注意，於是但丁走到他的身旁，這個亡靈對但丁說了一段話，這段話的內容收錄在淨罪篇第十九首九十一行以下，我們現在引述其中的一段話如下：

「你為什麼不能回到神的面前呢？並且充滿悔恨而哭泣著呢？請你暫時擱下你個人的事來聽我說話吧！你到底是誰？為什麼要背向著天，我是尚活在人間的人，你有沒有什麼要我幫你做的！」但丁這樣的問著。

阿諾利亞諾五世

於是亡靈回答說：

「我背向著天的事，你已經知道了。我曾經是一個教皇，奇多利和奇阿非利之間流動的拉文納河，就是我家族的封號。……中略……我曾經做過一個月的教皇，但和其它的工作比較起來，這個工作相當的輕鬆；但是，我後悔的太晚了，作教皇不久後，了解了更多的人生虛偽。我爬到了世上最高教皇的地位，心中燃燒對天堂的憧憬。然而此時，我不幸脫離了神的懷抱，而成為貪婪的靈魂主人，因為這個緣故而受到懲罰，在貪婪之罪中悔恨的靈魂，在這刑罰中清楚的表現出來。……」

此時，但丁發現這個亡靈曾經擔任過教皇，立刻跪在地上表示敬意。在最後的談話中，這個亡靈拜託但丁照顧他尚未死的姪女阿拉亞。

究竟但丁憑著什麼來指責阿諾利亞諾五世呢？根據留下的資料記載，阿諾利亞諾五世在位時，西亞納的一個市民希望解除聖務，因此對教皇廳進行賄賂，並且為教皇廳所接受。根據這一點，很多的學者也認定阿諾利亞諾五世是一個貪婪的人。

但是，當時的教皇人生生涯，大多在進行外交交涉，他的親戚都靠著他成為高官名人，被凡人俗事所打擾的他，逐漸忘記教皇的聖職，那便是解救人民的靈魂，因此犯了貪婪之罪。現在想起來，或許會覺得這個想法有些奇怪，但是在中世紀時，這是相當富麗堂皇的原因。

放在天堂界的劉梵尼二十一世

阿諾利亞諾五世歸天以後，下一個教皇的選舉在維德魯哥的宮殿中舉行。教皇的選舉，以拉丁話來作解釋，便是用鑰匙鎖起來的選舉；也就是說，所有的樞機卿們和外部中斷交涉，全部關在一個地方進行投票的意思。

但是，這次投票進行到一半時，投票所外發生了暴動，這場暴動後來便平息了，那是由安底家的卡魯諾所指揮的，主要的用意便是對樞機卿施加壓力，要他們投票給法國人的教皇候選人。

劉梵尼二十一世

經過了這場事件，結果西班牙籍的培多諾弟・培利阿諾被選為第一八五代教皇，世人稱為劉梵尼二十一世，當時是一二七六年九月十五日。他是出生於里斯本的貴族，曾到巴黎大學學習醫學，畢業後，從一二四七年至一二五二年，任教於義大利的西亞那大學。後來受到徵召，擔任聖職，曾做過佛拉魯的副主教，托拉斯卡弟主教，後來如上面所敘述的，擔任教皇。

劉梵尼二十一世在擔任教皇期間，平息了安底家卡魯諾和阿斯波家魯洛魯一世之間的紛爭；他也曾派遣使者到東羅馬帝國去，要求東羅馬帝國皇帝遵守一二七四年宗教會議上的協定；同時他也曾多次接見韃靼人，勸他們放棄對聖地的佔領。

像這樣過著忙碌的生活，卻突然劃下了人生休止符！何故呢？因為教皇所休息的別莊，天花板不幸掉落下來，壓死了劉梵尼二十一世，於是在一二七七年五月十六日，一命歸天；在位期間，僅有八個月又五天。

他是一個相當優秀的學者，除了《論理學綱要》之外，尚有許多的著作，他也曾經將外國的醫學書籍，翻譯成拉丁語。

但丁對劉梵尼教皇相當的具有好感，因此將他放在《神曲》天堂界第四天；天堂界第四天，又稱為太陽天，裏面住著許多的知識份子。在《神曲》一書中，描述著但丁來到這裏訪問時，靈魂一分為二，快樂的跳著舞。

第一輪的領導者是聖多瑪斯阿奎納（St. Thomas Aquinas），在這一個輪中有很多中世紀的優秀學者；譬如說神學家阿魯貝魯多・戴紐，《教會法矛盾條例解析集》的作者的佛拉弟諾。《教理集》的作者皮耶多羅・孔巴多羅，達維索的兒子以色列王所羅門，《天使階級論》的作者貝達・巴林聖維斯多雷修道院院長並著有《觀想論》的作者卡多拉・聖維斯多雷，以及神學家西西耶里・布拉罕地等著名人物。

第二輪的領導人是羅納溫・史托拉，這一輪有許多中世紀學者在一起跳舞。例如說，聖法蘭西斯哥的大徒弟里尤諾那・耶里，神秘主義的神學家佛諾拉・聖維斯多雷，巴林大學的校長，後來成為聖維斯多雷修道院院長的神學家培多諾・滿加多雷，他著有《教會史》等書，並且有大食客的綽號；被大衛王所彈劾的那坦（為一預言家，和別人的妻子通姦，並且殺婦人之夫）；辯才無礙且有金嘴巴之稱的但丁堡的主教由安尼・史多羅；坎培拉大主教聖安德諾；著有《默示錄解說》的預言家、神學家休華基諾・塞利哥等。

為什麼這些人在太陽天裏快樂的跳舞呢？根據但丁的解釋，是為了表現他們在天堂界的快樂，藉由全身的舞動來展現出來。

安紐家和二個教皇

劉梵尼二十一世死後，教皇之位暫時空缺過一陣子，原因便是在於各位樞機主教，仍在對義大利人或法國人當教皇而爭論不休。結果在一二二五年，才選歐西尼家的亮凱達諾為第一八六代教皇，世人尊稱為尼哥拉三世。

他在聖西發諾節日舉行登基大典，為希望羅馬和平，用了一套相當強勢的人事安排，他剝奪了安底家的卡魯諾元老院議員的資格，並且選擇自己的兄弟馬魯哥為元老院的一員；除此之外，又任命了九個新的樞機主教，而其中的三個人都是自己的親戚。因為尼哥拉三世的這項行動，他被稱為閥族主義者或是吝嗇者。

但丁究竟是如何批判尼哥拉三世的呢？在《神曲》地獄篇第十九首，也就是在地獄界的第八圈第三囊中，有詳細的敘述。

但丁站在岩礁上往下一看，從斜面到底部都是鉛色的岩盤中，有一個約一個人大的洞穴，而在這個岩洞中，有一個亡靈的小腿伸出在岩洞之外，而大部分的身體仍藏在洞穴裏面看不見；而露出在外的腳正燃燒著，同時震動的就算是用繩子和樹枝編結在腳踝，也會如被切掉一般的掉落。亡靈的腳尖至腳踝都塗滿了油

尼哥拉三世

馬拉帝諾四世

脂，並且在表面燃燒著火花。

但丁和亡靈對話，我們將之敘述如下。但丁說話的對象便是尼哥拉三世。

「我曾經是披著教袍的人，也是歐西尼家族的一員，為了一族的榮達，在現世中，為自己大肆斂財；我曾經為了私人的利益進行買賣聖物，因此被押到此地，並將身體壓在岩石的裂縫中……」

地獄界的第八圈第三囊，是懲罰販賣聖物的人的場所，因此，但丁將尼哥拉三世以販賣聖物的罪，彈劾到此處來。

但是，尼哥拉三世在其它方面，卻是一個相當有能力的教皇，他和東方的教會談和、巧妙的支配教皇廳，不容許拿波里的安底家和德國的阿斯波客家的干涉。當時有名的歷史家若窩尼·費拉（一二七六～一三四八年）曾記載著，尼哥拉三世年輕時是一個清廉聖潔的聖職人員，但他成為教皇後，為了環繞在他身旁的親戚，開始從事聖物的買賣。

十三世紀末年，偏袒安底家的人和反對安底家的人，彼此對立起來，彼此紛爭不斷，維德魯哥地方也是如此；於是決定在原地再進行選舉，然而經過了半年的投票協議，依舊沒有任何的結果。不久，偏袒安底家的樞機主教得勢，於是聖結吉亞的樞機主教席墨·吉卜利，被選為第一八七代教皇，稱為馬拉帝諾四世。

他在前任教皇在位時，便經常以教皇使節的身分出使法國。於一二八一年二月二十三日，冒著危險來到羅馬，舉行教皇登基大典，他成為教皇以後，公然的和安底家示好。

馬拉帝諾四世的個性是相當溫和，並且愛好和平的；他和安底家的卡魯諾是私交甚密的朋友，於是他重新任命卡魯諾為元老院的議員。安底家的卡魯諾相當的高興，立刻派兵前去小亞洲，因此，好不容易促成的比昂宗教會議的協定，也變得有名無實了。

西西里亞晚禱事件

在這段時期間，西西里島的統治並不順利，於是在一二八二年三月二十日，巴德摩中心的西西里島島民發起了暴動，史稱此次暴動為西西里晚禱事件。這一天是復活節前的聖禮拜二，西西里島的市民，全部集中在蒙德利亞教會前，參加大眾的祭典。而當時駐紮在巴德摩的法國士兵，對巴德摩的一位婦人施暴，引起公眾的憤怒，於是捲入全民暴動的漩渦。於是，卡魯諾要求拿波里王國派遣軍隊陣壓。

為了對抗叛軍，於是向阿拉奉的耶多羅三世求援；耶多羅三世的王妃，她的父親史提拉王為恢復王權，在圖尼西亞等待著機會。當時有二位有名的逃亡之徒在耶多羅三世那裏，其中一人是南義大利有名的海軍將軍史提耶諾里•勞利史，另一人則是羅西亞島的王子由芬那•佛洛西那；於是耶多羅三世到巴德摩去，宣稱他自己擁有史提拉王的權利。

其後數年間，安底家和阿拉奉家開始有了戰爭，而安底家的形勢越來越壞。其證據之一便是卡魯諾的兒子卡魯諾二世，在拿波里灣海戰被捕，當時是一二八四年。

然而馬拉帝諾四世教皇，卻明白的擔任安底家的後盾，他下令攻破阿拉奉家的耶多羅三世和其同盟黨羽，剝奪阿拉奉家的王權，改立法王菲律普的兒子為王。

這次西西里晚禱事件發生後，波及到了羅馬，羅馬市民跑到元老院去，驅散法國人的護衛兵，到處宣傳安底家的卡魯諾有虧職守，另外選出羅馬的防衛司令官羅間琴鳩・馬拉杜蘭卡為新的元老院議員；當時的教皇正滯留在羅吾維多，在得知消息後，相當的悲傷，認為這一切的結果，都是他一手造成的。

安底家的卡魯諾在一二八五年過世，他的兒子被阿拉奉軍逮捕後，教皇便下令，要他繼承他父親，做西西里王。

同年的三月二十九，教皇馬拉帝諾四世在培魯拉歸天，遺體在一六一五年和伊諾仙卓三世和胡魯巴四世的遺體，共同安葬。後來，在一八九〇年，由雷諾十三世移到羅馬的聖若窩尼・達雷洛教會。

但丁對馬拉帝諾四世的看法又是如何呢？

在《神曲》淨罪篇中的第二十四首裏，曾經發現了有這教皇的名字。在淨罪界第六單元裏，是要洗淨口腹之慾的場所。當時的天主教認為美食是一種罪過，因此貪圖口腹之慾的人，死後都要贖罪，忍受挨餓瘦弱的苦痛。

在這裏，但丁遇見了一個詩人的亡靈，以前有著肥胖的身體，而今卻瘦巴巴的；而其它的亡靈，有的瘦得只剩下牙齒在打顫。

至於馬拉帝諾四世，由於生前喜歡吃白葡萄酒浸漬而成的中義大利的柯仙那湖的鰻魚，生前相當的肥胖，死後就變得相當的清瘦。

在《神曲》中，但丁判定馬拉帝諾犯了飲食之罪，而沒有提到他任何信仰上的態度，其主要原因便是馬拉帝諾四世，生平並沒有任何特別的功績。

奧諾利歐四世和尼哥拉四世

奧諾利歐四世

羅馬在這段時期裏相當的和平，那是因為法國減少了對義大利的干涉，於是一二八五年四月二日，選擇年紀大的樞機主教雅哥何・薩魯耶底為一八八代教皇。

他是約一二一〇年出生於羅馬，父親魯卡是元老院的一員，他曾到巴林大學學習，畢業後在馬魯河畔的薩隆主教手下，擔任聖堂參事會員；接著擔任胡巴諾四世的聖馬雷・阿音・柯斯面的助理主教；並於五月十八日，在聖彼得教會慶祝登基，名字為奧諾利歐四世。

奧諾利歐四世有一個弟弟名叫馬德魯何，他將其任命為羅馬元老院的議員。然而奧諾利歐四世和他的弟弟馬德魯何都有著嚴重的痛風，尤其是教皇一發起病來，手腳都和身體萎縮在一塊，連走路都不可能，甚至舉行彌撒，都必須借由機械的裝置。可是他們的精力依舊旺盛，不為病痛所困擾。

當時西西里王國的培多羅三世死後，他的兒子達哥摩繼承他的位置，此時為了展示教皇的權威，奧諾利歐四世下令趕走達哥摩；同時教皇又答應要讓羅魯荷擔任神聖羅馬帝國的皇帝，二人因此維持著良好的友情，然而這個承諾卻一直沒有實現。

奧諾利歐四世在一二八七年四月三日逝世，遺體埋在梵帝岡；而後在保羅三世的命令下，才改葬在羅馬阿拉歇利教會的母親墓旁。

他生前曾在羅馬的阿芬弟諾的丘陵上蓋有一座宮殿，以後的教皇選舉都是在這棟建築物中選出。奧諾利歐四世死後，由於樞機主教們意見紛紛，並且彼此對立著，究竟何時才可選出教皇，沒有人敢斷言。

這時候，羅馬正流行著瘟疫傳染病，有六個樞機主教感染上此病而死亡，於是其它的主教們紛紛離開了羅馬。一年以後，樞機主教才陸陸續續再回到羅馬，終於在一二八八年二月二十二日，新的教皇被選出了，那就是一八九代的尼哥拉四世。

這個教皇出身於貧窮的家庭，原來是聖法蘭斯哥教會的人，他不理會世俗的俗事，愛好和平，相當受到羅馬市民的好感和歡迎。但在一二八九年羅馬發生暴動時，他離開羅馬到席耶帝去避難。

這時，曾被俘虜的安底家的卡魯諾二世也到席耶帝去。並且對尼哥拉四世宣誓效忠梵帝岡，在獲得教皇的允許下，為實現他父親卡魯諾的夢想，一二八九年六月卡魯諾二世再度備軍向拿波里前進，希望能再度征服南義大利的西西里王國。

尼哥拉四世

另方面，亞魯霍索一二九〇年逝世，其弟恰克姆二世兼任西西里王和阿拉奉王，但由於王室的紛爭，恰克姆二世便返回阿拉奉王國。像這種一人兼任二個王位的情形，一直無法為西西里人民所接受。

柯羅納家和奧里西尼家的競爭

教皇尼哥拉四世由於羅馬的暴亂一直無法平息，因此無法回到梵帝岡，當時羅馬貴族，分為二派，那便是柯羅納家和奧里西尼家，二家彼此紛爭不斷。

這二大勢力均強而有力，並且擁有很大的影響力。現在我們來比較一下二家的情形。

兩家的祖先都可追溯到羅馬時代的古老家族，柯羅納家自稱是聖法蘭斯哥教會的保護者，而奧里西尼家則自稱為聖多明尼哥教會的保護者。柯羅納家較和奇柏林黨接近，而奧里西尼家較偏向維吾爾黨。同時，柯羅納家希望自己擁有樞機主教的特權，而奧里西尼家希望特權掌握在教皇手中。而柯羅納家是偏袒於阿拉奉家，而奧里西尼家和安底家是好朋友。

由以上的介紹，他們兩家彼此會對立，也是相當明白的事。

教皇尼哥拉四世比較親近於柯羅納家，了解他心意的羅馬市民，便推派柯羅納家的人出來擔任元老院議員，這種舉動，簡直是公然的侮辱奧里西尼家族。

教皇為緩和雙方的對立，拼命的調和著，但都沒有效果，同時最讓教皇傷腦筋的是，如何再度收回落入回教徒手中的聖地耶路撒冷。

尼哥拉四世在一二九二年四月四日逝世，遺體埋在羅馬的聖瑪麗亞教會。但丁對這個教皇，完全閉口不談他的優缺點。

為了選出新任的教皇，十二位樞機主教再度集合。其中有一部分的人，支持義大利的維吾爾黨的黨首——安底家的卡魯諾二世；另一部分的人，支持把城堡建立在西西里島的阿拉奉家的首領達哥洛・柯羅納。

經過了三個月反覆的辯論，仍沒有任何的答案，於是所有的樞機主教皆離開羅馬去避暑，然而秋天涼爽時，他們再回到了羅馬，可是對立的情形更加嚴重，雙方一觸即戰的樣子。

這時候，柯羅納家的軍隊以要趕走樞機主教作為威脅，於是樞機主教逃離至培魯亞，在培魯亞處，安底家的卡魯諾二世再度出現，要求支持自己的人選擇自己為教皇，關於這個提議，大部分的樞機主教都贊成，只有查耶達尼一個人持反對意見。

所有的樞機主教開始擔心無法選出教皇，在這時，樞機主教拉弟諾・馬拉杜蘭達公佈了一位隱者所寫來的信，信中寫著，神將會對世間一切不正的橫行，降下懲罰等言論。

由於前幾任的教皇大多是政治家出身，因此，樞機主教們再度加強了他們要選出一個與政治無關且神秘的人出來擔任教皇的決心，終於在教皇從缺二十七個月後，第一九〇代的教皇，由別多諾・摩洛那所繼承。

新任的教皇是出生於貧窮的家庭，二十歲時成為一個修道士，醉心於神秘主義，開始時是在蒙德利山，後來到仙摩納的邁拉河畔，過著隱居的生活，在他的身邊，常有奇蹟的出現。

這位年逾八十歲的老人，在得知自己被選為教皇之後大吃一驚，經過卡魯諾二世的遊說之下，決定在拿波里定居，並在拿波里行戴冠式，史稱他為歇斯迪歐諾五世。

歇斯迪歐諾五世登基後，他的生活和以前並沒有太大的改變，如果要硬說是有的話，就是他對聽到別人嘲弄他自己的話，感到相當的苦惱。

在這時，樞機主教拉達尼巧妙的唆使他退位，他在歇斯迪歐諾五世的居處，裝置著機械，會產生由天而降般的聲音，要歐斯迪歐諾五世退位。

歐斯迪歐諾五世經過審慎的考慮後，公佈了教皇退位的憲法。然而，這個希望並不是那麼容易的，因為他的繼承人怕他被不肖份子所利用，而影響自己的權力，於是將歐斯迪歐諾五世關在胡魯摩山上的城堡裏，而歐斯迪歐諾五世也在那裏逝世，當時是一二九六年五月十九日。遺體在一三二七年才埋在坎弟諾的聖安東尼修道院，後來又被遷移到阿提拉的聖瑪麗教會。

但丁相當輕視這個教皇，從《神曲》的地獄篇第三首便可看出。

但丁和維吉爾共同到地獄界參觀，在地獄界的入口有船夫凱龍擺渡著一群亡靈，渡過羅神河，其中的一群是怯懦的人。奇怪的聲音或驚怕，或苦惱的和憤怒的聲響混合在一起，或高或低，甚至也有用手拍打著身體的聲音，產生了巨響，在無限黑暗的天空回音著，有時還有夾著砂石的旋風。

歐世迪歐諾五世

但丁問維吉爾那是什麼聲音？維吉爾說：「那種悲傷的聲音是悲傷的靈魂所發出的，這些靈魂生前無咎、無榮譽；既不反抗神，也不忠心效忠神，只靠自己的天使也包含在裏面；他們討厭諸天之美，拒絕住他們住的地方，地獄底下的亡者，害怕他們誇耀自己的功名，因而不接受他們。」

聽完這些話的但丁，便說了這段話：「我看到了五、六個認識的亡靈。他們其中一個因怯惰而辭去了重要的地位，我一看便知道！」這裏便明白的指出，這個亡靈是歐斯迪歐諾五世。

但丁因為懶惰的歐斯迪歐諾五世退教皇位的緣故，而讓野心家龐尼菲斯八世掌權，使佛羅倫斯陷於苦難。想到這裏，但丁便覺得無法饒怒他。

過於重視政治的龐尼菲斯八世

引發起但丁一切問題的人，一九一代龐尼菲斯八世登場了。

龐尼菲斯八世出生於羅馬附近的阿拿尼家族，是一個能幹的法律家，在一二五〇年擔任托狄的主教聖堂參事會員，一二九一年擔任助祭主教，幾度擔任教皇使節出使到法國，但只經過二天的選舉就選為新任教皇。

而他在羅馬大受歡迎，原因便在歐斯迪歐諾五世在拿波里登基後，就再也沒有回到羅馬，因此，羅馬市民相當高興再見到教皇。人們到處傳言，他的登基大典相當的壯麗，龐尼菲斯八世騎著白馬，而安底家的卡魯諾王家也派了很多的軍隊跟隨著，這個儀式是在一二九五年的一月二十五日所舉行的。

他下令將歐斯迪歐諾五世監禁在胡魯摩山上，當時羅馬的貴族柯羅納家族，對他的這項舉動相當的不滿，然而龐尼菲斯八世一點也不害怕，他下令罷免柯羅納家二個人樞機主教的地位，並趕出天主教之門，同時破壞了柯羅納的城堡和街市，殘留下來的柯羅納家的人，逃亡至法國去，尋求菲律普四世的幫助。

龐尼菲斯八世在擔任聖職者時，就因徵稅的問題和菲律普國王對立了，然而二人之間的對立情形，不僅因稅捐的爭執，同時還包括國家和教會的關係而對立。

龐尼菲斯八世

法王菲律普四世，因對中世紀習慣對教會捐贈的奉獻金，課與義務的稅金，卻事先沒有獲得教皇的許可，而埋下了對立的原因。龐尼菲斯八世於一二九六年再度公佈告示，主張奉獻金免稅的權利。

法王的對策便是阻止輸入梵帝岡獻物，並

對遵守教皇協定，堅持不繳附加稅的主教，要求他們上法庭接受審判；於是法國和梵帝岡之間的情勢日益惡化。龐尼菲斯八世命令法王參加在羅馬舉行的宗教會議，而相對的，一三〇一年法王偽造教皇的公文，並散發到國內四處，造成法王和法國全體人民共同遣責教皇。在一三〇二年四月，法國國會決議支持法王的決定，共同抵抗教皇。而在同年的十一月十八日，教皇再度出了一份公文，內容是指教皇的位置，應優於神聖羅馬帝國的皇帝。

這時，受到法王委託的克利姆・羅拉雷多和查拉・柯羅納，將教皇監禁在阿拿尼的教會裏，但是被蜂擁而入的人民所救出，那是在一三〇三年九月所發生的事。但丁在《神曲》淨罪篇第二十首八十五行處有所描述。

「為了讓未來和過去的罪惡變小，百合花再度進入了阿拿尼，我看見了基督的代理人身分的人被逮捕，他再度受到眾人的嘲弄，卻重新作好一切的準備，我看到了他被活著的盜賊所殺害。」

這裏的百合花就是指法王菲律普四世，而阿拿尼就是龐尼菲斯八世的故鄉；基督的代理人被捕，則是指龐尼菲斯八世被監禁的意思。

基督是被二個盜賊處以極刑而死（《聖瑪泰章》二十七、三十八以及四十四），而在這裏即指龐尼菲斯八世被刺客窺視著生命的意思。

回到羅馬的龐尼菲斯八世，日夜忙碌者，然而他的問題也越來越多了；在一三〇〇年世界的第一次聖年（在這一年到羅馬教會朝聖的人會褪去全身的罪障）在羅馬舉行，這是龐尼菲斯八世一生中最光榮的一頁，終於在一三〇三年十月十一日逝世。

但丁的譴責

龐尼菲斯八世經常譴責雅柯波涅・培洛狄和但丁・阿利基諾；前者是著名的詩人。但丁在《神曲》地獄篇第十九首中，曾介由買賣聖物而墮入第八圈第三囊的尼哥拉三世口中，暗示將來龐尼菲斯八世也將會來到此處。

有很多的學者認為，龐尼菲斯八世的政治助力來自於豐富的財力，而這些財力大多來自於教堂的聖物買賣。但持否定意見的人也不少；不可爭辯的便是，他親自指揮對柯羅納家的城堡和市街的破壞。

龐尼菲斯八世實行強硬政策時，用了一個人，他的名字便是維多拉・蒙基菲多洛。

維多拉是騎士出身，但後來成為帶紐僧，他自己曾經告白說自己與其是一隻獅子，倒不如說是一隻狐狸。他相當擅長使用心戰及奸計。龐尼菲斯八世把他叫來，告訴他說：

「我現在給你一個贖罪的機會，但是，你必須告訴我如何攻破柯羅納家的城堡。我擁有二把鑰匙，既能關天，也能打開天；我的前任者（歐斯迪歐諾五世）未曾使用過。」（地・第二十七首）

在繼續介紹下去前，我們先來看看但丁對龐尼菲斯八世和歐斯迪歐諾五世的憎恨。在《神曲》淨罪篇第三十二首最後的部分曾有過介紹。

在這裏描述地上的樂園，盛開著花的樹林，林中有一個廣場，阿培多利所坐來的山車放置在那裏，但丁在那裏眺望時，空中有一隻羽鷲飛舞而下，將林中的樹葉和花都攪碎了，也弄壞了山車。於是這山車，便如在狂風暴雨的小船一般的搖晃著。這時，有一隻狐狸向著山車走來，阿培多利立刻將之趕走，然而鷲的羽毛卻散落在山車中，不久後，山車的底部裂開，跑出一條龍，用尾巴刺向山車，且帶走山車毀壞的底部。這時山車慢慢冒出一個頭，隨即從轅（古時設在車軸旁邊用來操縱車行的車槓）變成三個頭，各有一個稜角。

這時候，出現了一個娼妓，她正好坐在山車的車頂上，並且四處觀看著。娼妓的旁邊站著一個巨人，兩個人不斷的接吻著，巨人好像怕娼妓和別人跑掉般的滿懷嫉妒之心；這妓女看到但丁時，露出好意，於是巨人便鞭打她全身，並且兇暴的將山車拖往森林。

但丁好似作著白日夢般，茫然的看著事情的發生。

這個幻影含有種種的比喻，但丁可能是根據《約翰啟示錄》十七之一的大淫婦而寫出這個故事。這裏的山車即是指教會，而妓女的態度則是指龐尼菲斯八世和歐斯迪歐諾五世的教皇腐敗墮落情形，而巨人便是指法王菲律普四世而言。

愛好和平的班尼狄克十一世

這一次的一九二代教皇選舉，只花費一日和一次的投票便決定了。這個人在擔任樞機主教時的名字是尼哥拉·波卡希諾，他的父親是北義大利的公證人，十五歲時便在多明尼克教會擔任主教，在一二九六年被選為多明尼克修

班尼狄克十一世

道院的院長，二年後被龐尼菲斯八世派往匈牙利擔任教皇使節，在一三〇二年才返回羅馬。

他被稱為班尼狄克十一世，他是一個有道德且相當公正的人物，受到世人的尊敬和信賴。有一次，他的母親換上了華麗的衣服去見他，結果班尼狄克十一世回答說：「我的母親因家貧，沒有穿過絹做的衣服！」後來，他的母親換上普通的衣服後，他才高興的出來迎接。

班尼狄克十一世的治世太短，也沒有做過什麼重大的事情，但他的一生卻遵守著和平和正義的信條。他取消了龐尼菲斯八世對柯羅納家的懲罰，並且歸還他們被沒收的土地，重新授與被龐尼菲斯八世罷免的二人樞機主教的身分，卻沒有取消了在阿拿尼瀆神的查拉・柯羅納的罪行。

在奧斯迪斯的樞機主教尼哥・阿雷迪尼拉・斐拉多的仲介下，想要讓佛羅倫的白黨和黑黨和解，便是愛好和平的教皇最大的理想。但是因為卡魯諾的事件，使情形更加的惡化，就連教皇也無法著手於兩派的和解。

教皇班尼狄克十一世認為法王菲律普四世的罪障已清除，於是下令解除法王國土的懲戒。但對著普利耶魯摩・諾那耶多，他並不想饒恕他，他將在阿拿尼瀆神的相關十五個人都逐出天主教，並發佈公示。

公告發佈後一個月，班尼狄克十一世即患急病而死，當時他是六十四歲。

根據歷史家的調查，他的死因可能是被毒殺的，下毒的人可能是因嫉妒的高位聖職者，如被趕出天主教的沙魯拉・柯羅納和普利耶魯摩・諾那耶多等人，有人如此的傳言者；但是根據德國文學家佛烈多・佛烈佛洛斯（一八二一～一八九一）所著的《培魯亞年代記》的記錄，曾經記載著教皇是自然死亡。由於毒殺的直接下手人是法蘭斯哥教會的人，並沒有受到公開的審判，因此，一直無法真相大白。

當時，流亡在外的但丁，期望著這位愛好和平的教皇，能夠取消他流放在佛羅倫斯的外面的禁令，然而這個希望卻破滅了。

班尼狄克十一世的屍體埋在培魯西亞的聖多明尼哥教會，在一七三三年由克萊門十二世將他加入在福音者的行列。

從羅馬到拉芬尼奉

從一九三代教皇克萊門五世開始，所有繼承教皇的人都是法國人。當時的教

代	教皇名	在位
193	克萊門 5 世	1305～1314
194	劉梵尼 22 世	1316～1334
195	班尼狄克 12 世	1334～1342
196	克萊門 6 世	1342～1352
197	伊諾歇索 6 世	1352～1362
198	烏爾巴諾 5 世	1362～1370
199	維吾利歐 8 世	1370～1378

拉芬尼奉教皇廳(上)
羅馬教皇和在位年代(下)

皇廳不在羅馬，而在法國的拉芬尼奉。從今日的拉芬尼奉的教皇廳來看，依舊可以看出當時教皇廳的狀況；它是融合王宮和要塞的建築物，有高高的塔聳立著，裝飾著小小的窗，像中世紀的莊嚴建築物。

上表的教皇中，一九四代的劉梵尼二十二世以後教皇，其時代與但丁沒有直接關係，所以對其說明只好割愛。現在我們將主題回到一九二代教皇班尼狄克十一世逝世以後的情形。

所有的樞機主教再度集合起來，準備選舉教皇；然而法伊兩國的樞機主教相當的對立激烈，過了十一個月也無法決定，於是培魯利亞的市民便剝下了選舉會場的建築物的屋頂，減少樞機主教的食物供應，於是不久後，佛吾洛大主教便被選為一九三代教皇，世人稱為克萊門五世，這個教皇並沒有到羅馬去，反而在里昂的聖邸那多教堂登基，當時是一三〇五年十一月十四日。他相當謹慎的不被捲入義大利的派系鬥爭。

從這時開始，教皇的行動便完全落入法王菲律普四世的控制了。

另一方面，政策家的教皇也採取種種的方法來獲取法王的歡心，如取消龐尼菲斯八世，對菲律普四世的種種制裁，並且對龐尼菲斯八世提起訴訟，將歐斯迪歐諾五世列為聖人，解散聖殿騎士修道會。並且向法國的繼任者亨利七世，宣誓效忠。

墮落地獄的教皇

克萊門五世

以上都是對克萊門五世的敘述。我們再來看看《但丁百科辭典》裏面所做的介紹。

克萊門五世聽到菲律普四世想要成為神聖羅馬帝國的皇帝的要求後，便到處行動著，他秘密的對亨利七世說，要他趕緊就任神聖羅馬帝國；同時，他也跟安底家的卡魯諾和安底家的羅雷魯多說，於是教皇有了大嘴巴的稱號。

但丁也在《神曲》天堂篇第十七首第八十二行寫著：「阿佛斯柯尼亞人還沒有開始欺騙高貴的阿利哥之前……」。這裏所指的阿佛斯柯尼亞人是指克萊門五世，因為他的出生地在阿佛斯柯尼亞，而阿利哥是義大利式稱呼的安底。這裏充分的顯示了但丁對教皇的輕視。

克萊門五世藉故不出席神聖羅馬帝國的登基典禮，致使亨利七世的登基一直延後；結果在一三一二年六月二十九日，亨利七世在羅馬的聖喬安尼・茵・拉德諾教堂舉行登基大典。可是，不久之後亨利七世急病逝世（也有人傳言是被毒殺），教皇立刻將安底家的羅雷魯多和義大利全國的維吾爾黨黨員集合起來。

後來克萊門五世因故疾胃潰瘍惡化，於是在蒙多城滯留，在送往波爾德的醫生治療的途中，在羅克毛爾城逝世，當時是一三一四年四月二十日。遺體就埋在卡魯貝多拉，後來又埋到吾勒處。

但丁非常討厭克萊門五世，他將克萊門五世擺在《神曲》地獄界第八圈第三囊，這是為懲罰販賣聖物的人的場所。克萊門五世在那裏被倒吊在洞穴裏，身體互相撞擊著，而他的腳部則著火。

但丁在遊歷地獄的途中，被墮落在此處的尼哥拉三世看到，這亡靈大聲的叫著：「龐尼菲斯，數年不見了，你也賺飽了財產了嗎？」

從這裏我們可以看出，尼哥拉三世的亡靈將但丁誤以為是龐尼菲斯八世的亡靈；由於龐尼菲斯八世生前犯了販賣聖物的罪，因此，死後和尼哥拉三世亡靈，在同一個地方受罰。

讓我們一起來對這十二個教皇做總回顧，在十二位教皇中，有六位教皇沒有被但丁提到，那是因為他們並沒有什麼特別大的功績或罪過；而被提到的教皇，有三個是在地獄界，二個在淨罪界洗淨罪障，就只有一名教皇被放置在天堂界。從這裏我們可以得到一個結論，那就是但丁對教皇的行動並不心服。

「控告但丁之會」

但丁在放逐後，便和白黨的人分手，而和奇柏林黨的人接近；他在放逐前，就認定盧森堡的國王亨利七世是救世主，將會替義大利帶來和平。

但丁是不是捨棄了維吾爾黨，而改參加奇柏林黨呢？當然不是，我們從他的作品中便可清楚看出，但丁利用文筆表達自己的思想，主張一人一黨主義，自己一人開始走在自己的路上。

在談到但丁的政治之路時，先來看看使他命運做一百八十度轉變的控告。但丁是不是真的犯有被控告的罪呢？

根據現代研究但丁學說的學者恩培爾特．波斯克教授，所進行的一種審判，我們將之命名為「但丁的審判大會」。

如果能將這場模擬議事全部介紹出來，一定相當的有趣，對研究但丁的學者而言，也是一件有意義的事；由於篇幅的關係，我們只能截取其中一段裁判長所說的話，內容便是以「但丁和教皇的地上政治」為主題。

「首先我要說的是，但丁應該是無罪的，他並沒有犯下被控訴的罪名，而是馬魯哥出身的邪惡黑黨支持者，佛羅倫斯的首長坎迪里．達不列里拉．胡畢歐所一手造成的。假如但丁沒有被放逐，那就不會產生這本世界巨著《神曲》了，至少也會是別的內容。我相當贊成這位擔任裁判長的卡諾里契學者的說法，或許從另一個角度來看，我們還需感謝坎迪里．達不列里拉．胡畢歐呢！

擁護坎迪里．達不列里拉．胡畢歐的人，認為譴責坎迪里一人是錯誤的，我也同意這個見解，因為坎迪里的行動只不過是單純的政治行動而已。

我想但丁也會同意我的看法，在《神曲》地獄篇中第十首，在判定奇柏林黨黨首犯有異端之罪時，藉由佛利那拉．雷利．維洛第之口說：『我曾蹋散了敵人二次』，而但丁則回答：『你的黨沒有濟人的方法！』就可以明白看出。

想到這裏，若但丁被放逐時是白黨的天下，或許白黨也會慘遭但丁的批評。事實上，在法王的王弟卡魯洛里．法魯瓦進城之前，白黨在佛羅倫斯自組政府內閣，並將黑黨的黨首柯索．杜納蒂，以及其他支持柯索．杜納蒂的人，都放逐出佛羅倫斯。

最值得注意的事是當時但丁對羅馬教皇的態度。特別是教皇在一三〇二年對但丁做的有罪宣告和一三一五年所做的有罪宣告不同。

在一三〇二年時，教皇龐尼菲斯八世為了擴張自己的勢力，至托斯卡尼和義大利時的政治鬥爭。當時但丁和白黨的人都盡力阻止，由於但丁的政治家經驗尚淺，而無法做適當的處置，因而得罪了龐尼菲斯八世。

而一三一五年，但丁尚未寫下《帝政論》時，僅完成《饗宴》和《神曲》二本書。在盧森堡王亨利七世尚未南下佛羅倫斯時，但丁和其它義大利諸侯均曾寫信請求亨利七世的幫助。

基本上，但丁對教皇的行動，是一種間接的政治運動，這時但丁的性格單純的只是哲學上和宗教上的思想，同時也是相當尋常及偶發的。因此，在審判但丁的時候，不該只是從他有沒有觸犯刑法著眼，而是應該以政治的立場來看但丁的本意。

而但丁也不該為了對教皇地上權進行鬥爭而受罰。事實上，羅馬的教皇廳對國家的統一，只是一個障礙物而已，更進一步的，國家統一時的教皇廳和但丁時代的教皇廳，根本沒有任何共通之處；甚至但丁的世俗主義和現代的世俗主義，也有很大的差距。

但丁的反世俗主義，不是發自於堅固的宗教信仰，而是對引導人們走向天國的幸福之路的教皇的敬意，而引申出來的。

但丁在《帝政論》的結尾寫著：『神聖羅馬帝國的皇帝是神的代理者，他的權力是來自於神！』皇帝對神的敬意，就像兒子對父親的敬意一般，但丁特別的強調這一點。

思想成熟的但丁，倡導一人一黨的主義，他的政黨強調和平，只要能保證國家可以和平，任何人當皇帝都可以。因此，皇帝只要一個人即可，他無需和他人分享權力。要達到地上幸福的必要條件，便是和平，這是大家都共通的信念。」

你們是否同意波斯克教授的意見呢？其實，但丁在晚年的行動也確實如此。

第四章　但丁的著作

做為詩人和思想家

最初的作品《新生》

想要知道但丁思想的捷徑，便是熟讀他的著作，所以，我們一起來看看但丁的最初作品《新生》。

一二八九年六月十一日，佛羅倫斯的盟主奇柏林黨和卡魯瓦地諾的阿累索決一死戰，幸虧佛羅倫斯戰勝了，可是當時局勢並不安定，到處人心惶惶；約後一年，於一二九〇年六月八日，住在佛羅倫斯亞諾河畔的畢翠絲・波底納里，即因病去世，享年二十五歲。

但丁得知這個消息之後，便陷入深深的悲哀之中，於是他在哲學書籍中尋求慰藉；等到心情穩定之後，才將一切以畢翠絲為主題的詩，精選成一冊——《新生》一書寫於一二九二～一二九四年間。這些清新體派的詩，都充滿了濃厚的傷感氣氛。全書共有四十三章，長短不一，可說是但丁的自傳性作品；在開始的地方，有一句話：「我在這裏重生！」於是將此書命名為：《新生》。

《新生》一書是但丁年輕時的生活記錄，裏面記載著許多奇妙的生活記錄。

受到恩寵的淑女

我們先來敘述一下背景。但丁在九歲時遇上穿著白衣的同年美少女，這女孩便是波底納里家的女兒畢翠絲。因此，我們要特別注意九這個數字的因果關係，九這個數字，在中世紀是一個神聖的數字，那是基督教中代表父、子和聖靈三位一體的關係。

九年後，他們二人再度在亞諾河畔相遇，當時畢翠絲已十八歲了，她以優美的姿勢，向但丁打招呼。

和畢翠絲再度相會於亞諾河畔

從這時起，但丁便對畢翠絲抱著柏拉圖式的戀愛感情，並且惟恐被別人發現。有一日，但丁在教會發現了畢翠絲的蹤跡，卻強迫自己不要凝視著畢翠絲，和畢翠絲坐在同一直線上，彷彿對待貴婦人一般的態度，並且替畢翠絲取了一個名字，叫做隱藏的貴婦人。後來畢翠絲離開了佛羅倫斯，但丁立刻又找到了別人取代，畢翠絲得知後便譴責但丁，並且拒絕聽他做任何解釋。

從這裏開始，故事便帶有清新風俗的象徵，畢翠絲是神派來引導但丁提升道德的。畢翠絲的父親病沒之際，她非常的悲傷，但丁基於對畢翠絲的同情，病倒在床。在病中，但丁幻想著自己離開人間，在天使們的保護之下昇天。

在第三十章中，有一段敘述：「她去世之後，我所住的都市，都缺乏可稱讚之事，宛如寡婦一般……」，以這段話做為描述但丁苦惱的心情。

又在第三十二章中，也有相似的內容。然而在第三十五章時，也歌詠了別的貴婦人，但丁稱她為「窗邊的貴婦人」，她是但丁的第二個戀人，我們現在引述一下部分的內容。

「在這時候，我看見一個美麗而富貴的婦人，她從窗旁用悲傷憐憫的眼神看著我，在她的臉上，充滿了慈悲的神情。不幸的人，看到了別人對自己同情的時候，更使自己感到可憐，而淚流滿面；當時我感覺到，我的眼睛即將哭瞎！」

在第三十六章中也寫著：

「以後那個貴婦人，不管在什麼場合見到我，總會用充滿強烈憐憫和愛意的蒼白的臉，注視著我……。」

第三十七章則寫著：

「我看到了這位貴婦人的臉，內心充滿了喜悅，但是在心中，我卻生氣自己怎會有這樣的反應而輕視著自己……」

在《新生》書中，明顯的點出但丁和窗邊的貴婦人，彼此互相吸引著。研究但丁的學者培魯多波諾，針對《新生》的舊版作過研究，他認為《新生》只是但丁要忘記和畢翠絲的戀情，而藉由歌詠新的「窗邊貴婦人」，來結束這段感情，這個版本，在《饗宴》尚未發表前，到處流行著。

在一三一二年，《神曲》的新版出現了，開始著手寫作《神曲》的但丁，為了使《新生》的內容和《神曲》的內容相連接，在「窗邊貴婦人」的後面，又多寫了幾首歌。在《新生》的第四十章，曾對在聖年時，從佛羅倫斯經過而要到羅馬朝聖的人的事情。

在新版中，最值得一提的，應該是《新生》第四十二章的加入，我們一起來看看：

「在我寫這本書之時，我面前出現了奇妙且不可思議的幻想，當中，對於我所看見的淑女畢翠絲，在未發現有更好的描述方法之前，決心不寫歌詠她的詩；而為了讓自己達到對她的正確描述，盡全力而努力著，她也好像知道一樣。在那裏，萬物依靠著聖旨而生存著，如果我的生命仍可再活幾年，我想試試寫些歌詠這名貴婦人的詩。

在受到主的恩寵的聖旨之下，我的靈魂前去瞻仰她的光榮。也就是眺望受到恩寵的畢翠絲光榮的容顏，這是看到後，《代代都可受到祝福》的臉。」

新版的《新生》，將原本但丁為忘記畢翠絲的結局，改寫為畢翠絲戰勝了但丁新的情人。

中世紀的文學，其登場人物都具有某種的象徵解釋；譬如說，「窗邊的貴婦人」象徵著哲學，關於這一點，在《饗宴》的第一和第二章中，便可明白看出。研究但丁的學者曾指出，但丁在他生涯中的某一時期，相當醉心於哲學，他領悟了基督教的教義，遵守道德和文化的規範，讓自己完成自己的新理想。

歌詠愛情的短詩

最後，我們來將《新生》中的作品年代，詳細列舉出來。在一二八三年時，但丁寫下了第三章：

「致所有被迷住的靈魂和高貴的心，
我把這些詩句都呈現在各位面前，
以我們共通的主人『愛情』之名向各位致敬，
期待諸位對我的詩能有所感應。」

而後，又在一二九〇年畢翠絲死後，寫下了第二十二章：

「你那謙遜的樣子，
就算是我閉上了眼睛，也不會忘記的，
你那因苦惱而變了顏色的臉，
好像非常憐憫的樣子。」

在第三十四章中，也寫著：

「那位高貴的淑女出現在我的想像中，
她因德行高貴而置身在聖母瑪麗亞所存在的謙遜之天的旁邊。」

為了悼念自己所愛的高貴淑女，但丁在畢翠絲死後一年，再度寫下：「我的所作所為，都受到這位有道德的淑女所催促著。」如第四十章中寫著：

「貪溺在想像中的步行巡禮者，
非戀情於不在的人，
從你的樣子中可看出你是來自於遠方的國家，
經過充滿憂傷的都市
卻沒有流下任何一滴的眼淚，
好像不會表露出悲傷的樣子。」

這是一三〇〇年在羅馬第一個聖年時，所寫下的作品。尤其是《新生》的第三章，「獻給所有愛情僕從」的短詩；這首詩又稱為『呼喚對愛情忠實的人的詩』。其內容主要是在描述出現在但丁矇矓意識中的奇妙幻影：

那日，但丁在佛羅倫斯的街角，對畢翠絲對他打招呼時的優美姿態，當時但丁感覺到有如受到恩寵般的奇妙感。於是但丁懷著甜蜜的心情，整個人陶醉在這氣氛中，而獨自一人走進房間，在房間的角落處，想念著這位淑女（畢翠絲）；而在不知不覺，進入夢中。

突然，發現自己的房間角落，籠罩在火紅的雲霧當中，在裏面我看到了一個面目可怕的男人，然而他似乎非常高興的樣子。

那個男人說了許多的話，但丁只聽得懂少數，其中一句便是：「我是你的主人」。

他的臂彎中，抱著一個全身赤裸，只輕輕裹著一條猩紅被單而沉睡的人；但丁仔細一看，發現她正是白天對他打招呼的畢翠絲。

在這恐怖男人手中拿著一個燃燒著的東西，對著但丁說：「這是你的心臟。」接著，在他懷中沉睡的畢翠絲醒來了，他命令畢翠絲吃下他手中那塊燃燒著的東西，於是她誠惶誠恐地吞了下去。

過了不久，原本喜悅的這個男人，轉變成悲傷，並且因痛苦而悲泣著，他一面嚎啕大哭，一面抱著畢翠絲飛天而去。

看到這情形，但丁感到相當的苦惱，便從淺睡中醒來，並且陷入了沉思，但丁同時發現，幻影出現的時刻，正好是入夜後的第四個鐘頭（也就是下午九點～十點間）。

讀到這裏，我們可以發現重要的一點，那就是手中拿有燃燒著但丁心臟且宣言「我是你的主人」的恐怖大漢，正如但丁在詩中所作的注釋一般，是「愛神」的擬人化。

接著，再引用《新生》的一段話：

「在我思考著剛才出現的幻影後，我下定決心要把這幻象，告訴當時有名的吟遊詩人，好讓大家都知道。由於我懂得如何寫歌詠詩的技巧，所以我寫下了一首短詩，藉由這首詩對所有的愛情奴隸們打一聲招呼。為了希望他們能替我詮釋夢境，於是我仔細的寫下我夢中所見的一切，並且寄給他們。」

倡導教會改革的詩人們

大多數研究但丁的學者認為「愛情的奴隸」和「忠於愛情的人」等言辭，是吟遊詩人最常用的；然而這些言辭也被人作為秘密結黨的暗號。為什麼稱為秘密結黨呢？那是因為有很多團體成立，是為了改革當時的教會和基督教為目的，而其組成的團員大多使用暗語交談。這個現象，相當流行於中世紀的宮廷，在作詩競技會上，產生許多不同的風格，尤其是保加利亞的傳入的卡他利派及法國興起的阿羅基派等異端邪說，也乘機混入。

在眾多言論的洗禮下，宮廷的氣氛也開始清新起來，尤其是「忠於愛情的人」這句話，更成為進步的一種口號。

因此，對教皇廳的行為不滿的詩人越來越多，這情形也傳染至奇柏林黨的內部；對教皇廳鬱積著政治和世俗利害關係的奇柏林黨，為去除心中的惡瘤，於是標榜社會改革主義。

這個風潮也吹向西西里島培利哥二世的宮廷中，當時塞爾奇黨員，同時也是佛羅尼亞詩壇的代表藍尼・揭洛弟也贊成這項改革；而佛羅倫斯的白黨也相當支持這個行動，同時是塞爾奇黨的奎尼・奇里和奎多・卡瓦康尼，更是一味的歌頌聖法蘭斯哥的精神主義。

在此，當時也有支持教皇廳行為的詩人，他們用單純、明快的詩來描述著社會情況。而被稱為「被封閉的吟遊詩人」，寫下許多含有異端思想的難懂之詩，他們因怕受到異端審判所的支持，因而採用這種隱藏光輝的戰術。

由此看來，《新生》這一本書，不僅只是但丁的自創的自傳式詩集，同時也是主張教會革新和前衛詩人反教皇運動的一個預警。

「閃亮的俗語」的主張

青年時代的前衛詩人但丁，相當熱衷於作詩，然而在他心中一直存在有語言和文學之間的關係的問題；由於忙碌的政治家生涯，對於這個問題，一直無法獲得答案。然而在放逐的生活中，他在閒餘的時間中，開始思索這個問題，這就是《俗語論》這本書產生的原因。

但丁在一三〇三年著手寫作這本書，有的學者認為這本書的寫作時間應該是在一三〇三年至一三〇六年。這本書一直沒有完成，於是並沒有完成的時間。但我們可確定的是，但丁是在放逐時期滯留在維洛那和佛吾利等地所寫下的。

正如和《饗宴》前後著作的不同，《饗宴》是用義大利文寫的，而《論俗語》則是用拉丁文寫的。

但丁在《論俗語》中，想要闡明義大利語是如何從拉丁語演變而成的，更進一步的將問題擴大，探討一般語言學的技術的問題。在《論俗語》的第一部中，說明人類語言的產生，並且全世界語言是發自相同的根，以及敘述各種語言和方言的分別；這是世界第一本有關語文學的論文，從現在的眼光來看，或許有些缺點，但這是對語言具有完全機能的理想語言典型。

他對「閃亮的俗語」的想法是想用美學的尺度來衡量言語的價值，關於這一點，可說對近代語文學的提示有很大的功績。

第一部主要是談中世紀思想，譬如語言的最初使用者亞當，他對造物者耶魯所說的最早語言。內容敘述著地上樂園亞當所使用的語言已消失，而最早的語言應該是希伯來語，而在受到神罰的巴比倫塔倒場之後，世界的語言便陷入混亂，人們想要傳達民族間的意思都有困難等。這些傳說，都未脫離神話的領域。

接下來，但丁又將歐洲的民族分為三類，第一類是從希臘延伸至小亞細亞的希臘人；第二類是歐洲北部所住的日耳曼人，第三類則是住在地中海附近的拉丁人。同時也將這些民族的語言分為三種，那便是法語、佛羅倫斯語和義大利語；這三種語言總稱為羅曼斯語，並且其發源語皆為拉丁語。

關於義大利語的方言，共有十四種之多，這個說法在今日依然適用。但是以後但丁的想法卻相當的獨特，因為這些語言是否有價值來特別介紹，仍有待商榷。

但丁認為羅馬的方言相當醜陋，實在不夠格作詩；托斯卡尼的方言則過於魯鈍，因此也不適合。

為了決定地方方言夠不夠格作詩，於是但丁著作了「閃亮的俗語」，作為衡量理想語言的尺度。像這樣的方式，對各地的方言進行檢討之後，但丁認為佛羅倫斯的語言和辭彙，最適合用來作詩。

理想的語言應該是樞軸的，宮廷的和法庭的語言。為什麼呢？因為樞軸性是指言語應是不管到何處，都像門軸一般四四方方，不會因地方不同而有所改變；而宮廷是全國共同的家，因此，語言必須要共通的；而所謂的法庭性，即是指公平無私的意思，因為一個卓越的法庭是會公平的審判罪人的。

接著，但丁還列舉出「閃亮的俗語」所應具備的條件，語言必須具有音樂性，聲音輕快且典雅、莊重，同時也描述了語言的反應效果及說話方式的表現等等。

第二部是在評論詩型，譬如說如何選擇語言文字的韻律、重音、對應、抑揚和語彙等等。

《俗語論》原本預計寫成五卷，但是但丁只完成了第一卷及第二卷的十四章就中斷了，可是我們仍可從中窺見出但丁對語言學、哲學和修辭學的熱衷。

《俗語論》對後世的影響

《俗語論》是但丁晚年被放逐時所寫下的。後來富蘭契克・比魯哈利洛模仿《俗語論》而寫下了《愛的記錄》，安東尼奧・德巴寫《要約》等書可說受《俗語論》的影響很大。

但丁貫通了古今哲學之後，思考著文學和語言的關係，於是先後著作了《饗宴》和《俗語論》。而後，在一八六八年義大利的文學家亞歷山大・藍洛尼寫下了《語言的統一》一書，書中闡明了俗語的發生和發展。在國家統一成功後，新的義大利王國產生之際，他主張托斯卡尼方言為義大利的國語。

最後我們一起來看看《俗語論》受歡迎的情況。最初的印刷是一五七七年在巴黎發行的。十五世紀時，但丁依舊受到人們的歡迎，在文藝復興時代，人們熱衷於拉丁語，而但丁的《饗宴》也是用拉丁語寫的，因此，頗受到義大利人的歡迎。

進入十六世紀後，但丁的人氣逐漸的衰退，很多人轉向喜好佩脫拉克和薄伽丘；但是喜愛但丁的人，於一五四〇年時，仍在佛羅倫斯為他設立了學院，在一五七二年時，也設立了托斯卡學院作為中心。在尼哥拉・馬奇洛弟也在他的著作《語言有關的對話》，將但丁視為一個語言學家。

到了十七世紀，由前世紀一直延續的言語問題終於爆發的，在一六一二年托斯卡學院的學者，重新研究及編輯義大利語辭典。然而攻擊但丁的人和擁護但丁的人依舊對立著。

十八世紀時，再度燃燒著對但丁的崇拜，當時的義大利的時代精神，是科學的、也是尊重獨立的，因為由外國輸入的迪卡克式的合理主義、感覺主義和經驗主義，再加上許多複雜的內容，使得人們的思想形成更加複雜。

攻擊保守主義的人，將目標集中在攻擊義大利語。他們在義大利語中另創新語，借用法語。擁護義大利語的人以托斯卡學院為根據地，而反對的人則以《卡菲》雜誌作為根據。

在愛國主義和國語純化運動旗旌下的人，和仿法模仿主義者之間的大戰中，伽加洛弟的《語言哲學論》，因為相當的合理，因而受到歡迎。

文學家諸如佩脫拉克、薄加丘等人，靠著自己的力量，希望能達到國家的統一，而像但丁一樣展開了運動。在一八三〇年，他們編著了《同義辭典》，而後於一八五六年，又再度完成了《義大利語辭典》，然後在一八七四年發表了《言語統一的援助》。《俗語論》無異是對十九世紀的語言學家給與無言的激勵。

新理想主義的《饗宴》

《饗宴》在義大語中指的是正餐或宴會的意思。如果這個字眼是在普通的時候使用，那就是先前所介紹的含意。然而在但丁的《饗宴》一書中，所指的則是知識的宴會和寫作論文的人。

閱讀過但丁這本書的人便可知道，但丁在寫作《饗宴》時的心情，似乎是向古代的希臘前輩作反抗的樣子。這本書是用義大文寫的，但丁希望不僅是知識分子，甚至一般大眾都能看懂。在這論文中，把義大語稱為俗語的理由相當的多，我們並不加以敘述。

但丁原先對《饗宴》的構想是寫十五篇，分別由十五個散文解說組成。但事實上，他只完成了三篇和十五個解說（當中一個是序文）。

但丁把論文比喻為宴會的菜餚，而將知識比喻為麵包。當時的貴族所常吃的麵包是小麥所製成，而平民大多吃大麥麵包；但丁想要讓菜餚和麵包混合一起，也就是說讓論文受到一般大眾的喜愛。

接下來我們再來看看但丁寫作論文的動機。當時的人相當看重放逐，一旦某人被放逐，一定是犯下不可原諒的罪。關於這一點，但丁認為自己是受到不實之罪，因而受到放逐的懲罰，於是在他的內心中相當難過。因此，他希望藉由他所作的優秀論文作品來提高他的形象。

從現實的考量上來看，從今以後但丁將流落到各個封建諸侯的宮廷中擔任管家和食客，因此必需抬高自己的評價。於是著手開始寫具有教育性意義的論文，這是他在放逐時，也就是在一三〇四年至一三〇七年間所寫下的論文。

如上面所述，《饗宴》當然也會有但丁個人的思想存在。像在第一篇中，但丁藉由呼喚帶動金星的天使，希望忘記司掌慾愛的維那斯，也就是說希望忘記和畢翠絲的古老戀情，而向窗邊貴婦人尋求新的戀愛援助。

第二篇所要說的是對雅致的「哲學」的讚美。畢達哥拉斯也在研究過但丁之後，說出「哲學是愛知的學問」，他拒絕被稱為知識人，他的一切作為只是為了愛知而已，而愛知的行為正是哲學家的本來作為。

第三篇則是在說明但丁決定要放棄以前作清新體派的詩，而開始要做些有內容、知識的詩。

綜合以上三篇，我們可以知道以上的內容，包括有新理想主義和神秘主義的思想存在。

善的哲學、最善的神學

在《神曲》淨罪篇第三十首第一二一行中記載著但丁向窗邊貴婦人尋求安慰

的事，其內容如下所描述的，但丁在地上樂園行走著，再次和畢翠絲相會時，畢翠絲對但丁和窗邊貴婦人的戀愛怒斥著：

「我還在人間時，支持著他（但丁），我（畢翠絲）憑著眼睛，引導著他（但丁）走向正確的方向。然而在我到達第二年齡層，生命發生了變化後，他就離開了我，尋求別人的慰藉。我的肉體登上了靈界，再者加上了美麗與貞德，他反而不愛我，又不使我高興，追求著什麼都無法達成幸福的空虛約束，這種行為越來越走向虛假之路……。」

畢翠絲所指的「第二年齡層」，是指壯年期，亦即二十五歲至四十五歲。事實上畢翠絲是死於一二九〇年，當時她是二十五歲。而「肉體變為靈魂昇天」，即是指畢翠絲死後昇天之意。

根據研究但丁的學者表示，人們本能的會去追求善的東西和最善的事情；在這裏即明白的說出，善的是哲學，而最善的應該是神學。因此，上面所述的窗邊貴婦人只能算是善的東西，最善的一定是畢翠絲。

《饗宴》的文體是模仿中世紀流行的公教要理，也就是詭辯哲學的要領，他們先提出了問題，然後再針對問題一一作答。

我們再來看看文章的形式，在《新生》中，但丁用熱情的筆調來描述，而《饗宴》則是用淡淡的、穩重的筆調來敘述，原因在於但丁也步入了年齡上的成熟期，同時也受到他所研讀的哲學書影響。

特別值得一提的是中世紀的一位哲學家巴魯羅米勒拉·波羅密，他的代表著作是《有關光的論考》，在書中他主張「神極光」和「神是精神的太陽」等新柏拉圖主義的話很多。他的這項主張也影響到但丁在《饗宴》中的許多言論，譬如說《饗宴》中有這麼幾段話。

「基督教的教理是光、是道理、是真理，我可以肯定的這樣說，它決不會妨害我們達到幸福之路，也不會誤導我們走向不正之路，甚至在黑暗中照耀著世俗無知的我們。它的教理比一般平凡的條理還好，並且它還對其不滅性有著很高的評價。」（《饗宴》二·八·十四～十五）

「人們相信廣大無邊的神是善良的，而神的離開是因為人們背棄了神的信任而衍生出犯罪的行為，因而離開了神。從變形的人當中選擇出一人，來使人們再度信神，於是神將他的兒子降生在地上，再把他引導入最高團結的三位一體的大廳裏面。」（《饗宴》二·十四·十九）

從以上的話，我們可知道但丁受到巴魯羅米勒拉・波羅密的影響很大。從《饗宴》這本書中，我們可明白看出但丁的思想越來越趨向宗教性，但丁雖身為俗人，但其思想已和宗教人沒有兩樣了。

皇帝是國民的侍奉者

盧森堡王亨利七世於一三〇八年成為德意志王，後來為了擔任神聖羅馬帝國的皇帝，於一三一一年六月六日南下義大利，並且由米蘭入城。

可說是但丁的傳記作家薄伽丘曾寫下：「但丁在亨利七世南下義大利時，用拉丁文寫下了《帝政論》這本書。」這本書的完成時間推定是在一三一三年。

當時但丁流放在外，對何時可再回到佛羅倫斯抱著淡淡的希望，對這個可能帶給自己喜、憂的時代，心中相當不穩定，尤其是政治哲學的書籍，更是取得不易。後來亨利七世過世後，但丁的親友維洛那的城

亨利七世遠征耶路撒冷

主坎布拉弟・拉斯加拉，擔任神聖羅馬帝國的首領和奇柏林黨的中心人物後，但丁才將平日鬱積在心中之事寫成三篇論文，並發表出來。

在《帝政論》的第一篇中，但丁強調要到達人類的高貴性，獲得自由和現世的幸福。在這裏我們特別要注意的是，但丁以天主教的教理在發言：

「市民是最高行政官（執政官）的代理人，國民並不是為國王服務的人。相反的，執政官是市民的代理人，而皇帝應該替國民服務，為了達到社會的共存共榮，首先我們要使全人類達到和平和統一。因此，人類要透過共同的規範來和平相處，追求和平才對；所謂最高的統治者和調停者，必須是絕對的君主才行，這個人必須佔有一切，再也別無所求，沒有任何的貪婪和不正。

對世界帝國的人來說，皇帝有其存在的必要，因為他是自由和正義，甚至是和平的保證，同時也是世界的政治整理的最大權威代表。」

《帝政論》的第二篇中，但丁努力的想證明神將帝國交到羅馬人手中。為了這個緣故，但丁運用修辭學、歷史、神話、文學和神學的效果，來使人們想起羅馬對各國的建設，並且以身為羅馬人為世界最具道德的國民為榮。最後，更將神擬人化，形容神若為凡人，也一定希望成為羅馬帝國統治下的臣子。

被稱為異端的《帝政論》

《帝政論》的第三卷，是將焦點集中在神聖羅馬帝國和教皇廳的關係，從另一個角度來看，正是評論皇帝和教皇之間的解決方法。

當時的教皇都相信龐尼菲斯八世的說法，那就是，很大的光可以容納無數的小光；換言之，即是太陽和月亮的說法。身為太陽的教皇廳，自己發出神聖的光輝，為什麼這樣說呢？因為教皇廳本身可以發佈法律的緣故，暗示著自己受到神直接的指示。相反的，用月亮來形容神聖羅馬帝國，因為它自己不會發光，而必須由神間接的賜與正義和和平的委任狀才可。

但丁並不心服於上面所述的太陽和月亮的說法，相反的，他提倡二個太陽的主張，他認為教皇廳和神聖羅馬帝國自己本身都會發光。同時，但丁還將人類一生的二個最終目的加以區別；第一是追求現世的幸福，實踐自己道德的能力，也就是地上樂園的意思。

第二是追求天上的幸福，那是指拜見神的容貌，我們可以以天上的樂園來加以比擬。

想要得到第一個幸福，只要實行人間的德便已十分充分；達成第二個幸福，就必須受到神的恩寵。為了達到第一個幸福，也就是現世的幸福，而製造了神聖羅馬帝國。為了達到第二個幸福，也就是天上的幸福，而製造了教皇廳。為了這二個目的，因此要二個權威者，這二個人分別擔任引導永遠的生命的教皇，和教導現世幸福哲學的皇帝。但丁在《帝政論》中特別強調出皇帝的重要性，也就是但丁的告白。

因此，皇帝本身也具有使命，那是直接從神接受到的使命，所以，皇帝也可自比擬為太陽。但丁的這個論點，對皇帝的過度重視，使得皇帝也向他發出要對教皇尊敬的警告，這種敬意就像兒子對父親的敬意一樣。

更重要的是，教皇廳的光是靠啟示和恩寵而被付與，而皇帝的光則是因哲學研究而獲得。

總而言之，二個太陽的說法，是現世的東西，縱然沒有獲得啟示和恩寵，人類依舊能夠獲得及容忍；不可否認的是，如果只為了現世的生活，基督也不必要犧牲他個人了。但是，但丁並沒有犯任何重大的過失，於是他準備將現世的幸福和永遠的幸福統合在一起。

他認為現世的權威者和精神上的權威者之間，有統一和調和的必要。為了精神和現世一切的事物加以治理的神所創造的地球，作更大、更有效的照耀，於是要皇帝來發揮父親恩寵般的光芒。到這裏《帝政論》的第三篇結束。

這本書強調皇帝的權威應正統化，但是，書中有很多獨斷的解釋和自相矛盾之處；然而不可否認的，從中我們可看出但丁對政治的狂熱及天主教的自覺。

這本書中所含的大膽思想，使得《帝政論》在一三二七年時被評論為異端思想，甚至基督教徒還下令焚燒這本書。他們的這項行為，使得薄伽丘懷疑已埋葬在拉丁納的但丁遺骸是否安全？

壯大的敘述詩《神曲》

義大利權威文學家納達利諾．沙帕紐博士，曾記載著：

「君士坦丁大帝對教皇給與莫大的權力和物質，自從教皇搬到拉芬尼奉後，充滿惡德的教皇一直延續下來，使得整個教皇廳更加墮落，為了世俗的利益開始藉口斂財。另一方面，神聖羅馬帝國的皇帝也忘了自己權威的使命，又以基督教精神上的世俗指導者感到可恥的無力感，因為聖地耶路撒冷落入異教徒的手中。」

然而但丁在最初時，以為羅馬教皇的手可以使世界回復和平，後來又以為神聖羅馬帝國的皇帝可以完成這個夢想，可是上面的二個想法，完全都是錯誤且不可能的想法。但丁自己因為政治鬥爭而遭受放逐，他的財產也全部被沒收，流落在義大利各處，而其深愛的畢翠絲也病死了，又和自己的朋友分開，一人獨自的生活著。

最後，但丁集中他所有的力量，傾助所有的知識和教養，寫下這本傑作。

這本書讓古今的教皇、帝王、諸侯及各階層的人物登場，讓大家明白這些人死後將到彼岸的世界接受怎樣的報復和報酬。因此《神曲》可算是一本預言詩。

但丁《神曲》的構想經過長期的歷練，在亨利七世過世後，自知自己無法再回到佛羅倫斯，於是他開始著手寫作《神曲》。這項作品又稱為神聖的喜劇，那是因為在書中的最後，但丁昇天拜見神的容顏後才結束。

在這故事當中，但丁是以主角的身分到彼岸的世界去旅遊；但丁的小孩愛柯波認為是在一二九九年開始寫的，薄伽丘則認為是寫於一三〇〇年，更有學者認為是在一三〇一年。然而他到彼岸世界的旅遊日期是復活節前的禮拜五，關於這一點，大家的見解都相同。

至於但丁所謂的彼岸世界究竟是如何的呢？但丁在《神曲》中寫著，它的入口是在「黑暗的森林」中。地獄的樣子就像一個大漏斗，上面是大地，中間是耶穌被釘上十字架的聖地耶路撒冷，從那垂直向下達到地球重心，那裏是對神判亂而不得逞的天使被神，所投棄的地方，他的身體一半陷入地面，土地則和撒旦接觸，由於怕受到污染，因此隱遁在海中而形成島，這就是淨罪界。地獄界共分為九層，在《神曲》地獄篇第二十首中有這樣的記載。

《神曲》是敘述詩，詩型是三行詩，分為地獄篇、淨罪篇及天堂篇三部分，每一部分分別由三十三首組成，再加上最前面的序章，全書共有一百首，全部的行數有一萬四仟二佰三拾三行，各篇的長度並不一定。

到地獄的旅遊

這故事是發生在但丁三十五歲時，當時他對人生充滿了矛盾和煩悶，有一天他迷失在「黑暗的森林」中，好不容易發現了生路，但丁在要爬上淨罪山之際，有豹、獅子和母狼擋住了他的去路，感覺到有生命危險時的但丁，看到了天上出現了三位淑女，並且救他離開這個地方，這三個淑女便是聖母瑪麗亞、慈悲聖女盧西亞和畢翠絲。不久畢翠絲降臨地獄，要求維吉爾替但丁帶路，到地獄界和淨罪界去遊歷，而天堂界則由畢翠絲親自帶路。

但丁在維吉爾的引導下來到羅神河，其旁邊便是地獄之門。這裏有很多懶惰的靈魂，接著二人一起到沒有真實信仰的善良靈魂居住處，去拜訪荷馬等古代偉人。第二層是專懲治沉溺於色慾的靈魂；第三層是專懲犯饕餮罪的靈魂，但丁和維吉爾看到了這些人受到雨水冰雹的侵擊，這裏有詩人恰哥（Chiacco）存在。第四層是專懲貪吝、浪費者的靈魂，他們分成二組，在胸前壓著金幣，彼此衝突著。第五層地獄是專懲犯憤怒罪的靈魂，他們陷在冥河（Styx）的泥沼裏，當中的菲律普、阿耳弟曾攻擊但丁所坐的船，但幸虧沒事。

來到了狄思（Dis）城後，惡魔緊閉著城門，不讓但丁和維吉爾進去，後來經過天使的幫助後，才得以進入。

這都市有燃燒的墓地，熊熊的烈火燃燒著異端者的棺木，在這裏但丁遇到了奇柏林黨的黨首法利那達（Farinata degli Uberti）。

第七層的地獄共分為三環，第一環是住著殺人劫財的暴君，第二環住著自殺身亡的人（自殺者），他們變成多節多瘤的樹住在那裏；第三環是住著瀆神和同性戀者（施暴於上帝和自然行為及高利貸者）。

第八層共分為十個深溝，以不同的刑罰懲戒十種詐欺罪的靈魂。

第一溝——淫亂和誘姦者，他們在這裏受到惡魔的鞭笞。

第二溝——阿諛諂媚者，罪人們浸在糞尿裏面。

第三溝——買賣聖職者，他們在岩石中互相撞擊著。

第四溝——虛偽的先知，他們面部被扭轉向背脊。

第五溝——貪污者，他們被浸在沸騰的瀝青中。

第六溝——偽君子，穿著外面鍍金的鉛質外衣行走者。

第七溝——竊賊，他們被蛇所玩弄著。

第八溝——策略家，他們被火團所包圍著，當中有奎多・蒙地法卓。

第九溝——挑撥離間者，他們受到惡魔的劍所砍傷。

第十溝——偽造者，在那裏有用煉金術偽造金質的煉金師，他們全身長滿瘡痂和疥癬。

接著但丁和維吉爾再一起到第九層的地獄去，此層是一個凍結的湖泊，這一層地獄共分為四環，第一環是凱那環（Caina），是背叛親人的叛徒所住的地方，在這裏他們被浸在冰凍的湖泊裏，一直淹到脖子；第二環是稱為昂得諾環（

Antenora），浸漬著背叛國家的叛徒；第三環是波多謀環（Ptolomaea），為背叛的食客和朋友的叛徒所居住的地方，他們頭朝上浸漬在那裏；第四環是猶大環（Judecca），為反叛恩人的叛徒所居住的地方，他們全身都被浸在湖泊裏面。

最後，世界的三大背叛罪人——出賣耶穌的猶大，以及謀刺凱撒大帝的布魯特斯（Brutus）和凱西斯（Cassius），被撒旦用嘴巴咬住。

遊歷了九層地獄之後，維吉爾和但丁便穿過地道來到了淨罪界。

七層的淨罪山

出了地獄，但丁和維吉爾二人來到了海濱，旁邊有七層的淨罪山聳立著。在那裏看到了許多怠慢的靈魂，越過了第一和第二個高台後，他們二人遇到了充滿悔意及疲倦的靈魂，這時有個天使拿著燃燒的劍出現在但丁神秘的夢中。

在夢中但丁踏上了三個不同顏色的石階，而守門的天使拿著劍坐在最高的石階上，但丁爬上石階後，天使在但丁胸前拍打三次，並將代表罪的七個P字刻在他額頭上，接著拿出聖彼得的二把鑰匙（金鑰匙代表權力，銀鑰匙代表知識）打開淨罪山入口的大門。

淨罪界本身是一座大山，環繞著山腰分成七層，靈魂在這七層洗淨七大罪惡。

淨罪篇的第一層是洗淨驕傲，這些贖罪的靈魂背負著沉重的負荷行走著。第二層是洗淨嫉妒，這些善妒的靈魂穿著粗毛衣，眼睛被鐵絲所縫住，不時空中會傳來告知倫理行為的聲音。在但丁要進入第三層登山口時，象徵兄弟愛的天使出現，把但丁頭上的二個P清除掉。

第三層是洗淨憤怒，這些贖罪的靈魂被濃煙圍繞地喘不過氣來，但丁在這裏遇到了馬克・隆巴鐸（Marco Lombardo），和他談論著自由意志的價值。

第四層是洗淨懶惰，贖罪的靈魂歌頌著勤勉的人來回的走動著，在這裏但丁還做了一個奇怪的夢，在夢中他看見了海上女妖沙伊雷（Siren）。

第五層是洗淨貪婪和奢侈，贖罪的靈魂手腳被綁著在哭泣、祈禱著，在這裏有古代羅馬詩人斯答狄（Statius）出現，他和但丁一行人一起走。這時正義的天使出現，再去掉但丁額上的一個P字。

第六層是洗淨貪食，為了贖罪，這些靈魂要忍受饑餓和口渴，水和水果及食物一旦出現就會消失。

第七層是洗淨貪色，贖罪的靈魂在火焰中行走著，在這裏斯答狄向但丁說明了人體的形成，但丁在這方面有很深厚的知識，但他的主要來源是閱讀亞里士多德的書。根據亞里士多德的說法，智慧分為二類，一為潛在性的智慧，另一個則是能動性智慧；前者是受到外界的印象，後者是將獲得的印象加以理解並構成觀念；前者會消失，因此必需有後者的存在，後者是分離且不會消失的，而且真的智慧是分離的，而且永久不滅的。

最後，但丁和維吉爾來到了地上樂園，地上的樂園盛開著花朵，樹木青翠茂密，集大自然之美於一身，在這裏出現了採花的仙女馬提爾達（Matelda），她邊唱著歌邊出現在但丁眼前。

在森林中由七個蠟燭引導的神秘行列出現了，在中央的花車坐著畢翠絲，她譴責著但丁的怠慢；然後馬提爾達抓住但丁，要他喝下忘記一切罪惡的遺忘川（Lethe）後，再喝下可恢復一切善行的記憶的優樂埃河（Eunoe）的河水，而維吉爾和斯答狄也不知在何時不見了。

天堂界

畢翠絲和但丁在地上樂園昇天。在第一天（月球天）住著誓願無法達成的靈魂，畢翠絲在此說明月球暗斑的形成。

第二天（水星天）住著力行善事的靈魂；

第三天（金星天）住著多情的靈魂；

第四天（太陽天）住著知識人的靈魂，在這裏但丁和聖多瑪斯・阿奎諾（St. Thomas Aquinas）和貝達（Bede）等人會談，其內容在於一個人判斷力的不確實性的討論。

第五天（火星天）住著為信仰而犧牲的靈魂，在這裏但丁的曾祖父卡加奎達（Cacciaguida）前來迎接，並且預言了但丁未來在佛羅倫斯的命運。

第六天（木星天）住著在地上施行正義的人；

第七天（土星天）住著沉思寡慾的靈魂，從土星天到第十天（至高天）之間有一個金色梯子，在此可看到聖者在上上下下。

畢翠絲和但丁一起昇天

第八天（恆星天）住著勝利而發出光輝的靈魂，在那裏但丁必須接受更進一步的試驗才行；因此，聖彼德考問但丁有關信仰的問題，聖雅各問他有關希望的問題，而聖約翰則問但丁有關仁愛的問題，但丁都一一作了回答，並且為這些聖者所接受。

接著畢翠絲向但丁說明有關人類祖先亞當的種種事情，譬如說亞當是在何時犯罪，他為什麼留在地獄等種種問題。

第九天（原動天）是諸天中最大的，神和天使也都居住在此處，這個天是環繞至高天迴轉著，維繫著諸天繼續運動的便是愛。

然後神便在上方發出強烈光芒的點出現，他的周圍環繞著如同燃燒的火輪般的天使聖歌隊。

在這裏畢翠絲向但丁說明天使的種類和數目，在上方好像發出光輝的銀河，住著大群的天使。當中是一個圓形的劇場，中間有上千個座席，像白玫瑰般的發出光輝，這就是第十天（至高天）。

畢翠絲回到她在天堂的居所後，請聖伯納德（St. Bernard）繼續指導但丁。至高天一分為二，一方的上半部是基督誕生前的聖者，下半部則坐著幼兒的靈魂。當然聖母瑪麗亞、基督及洗禮者約翰，也各自坐在自己的位置上。

聖伯納德請但丁和他自己一起向聖母瑪麗亞祈求，希望能見到上帝之光；祈願獲得了回報，但丁看見了象徵三位一體的光圈，了解了三位一體的玄義和基督的神秘出生，在淋浴過這樣的光榮後，但丁再回到了地球。

第五章　但丁的自然科學

從中古世紀到文藝復興

阿拉伯人的功績

但丁被稱為是文藝復興的先驅學者，但是，被稱為文藝復興的人都需具備自然科學的知識。關於這一點，為了判斷他是否夠資格，我們必須要先調查他對自然科學有關的知識。

基本上，歐洲的自然科學受到東亞和中東的影響很大。首先，我們來看看數學，這項科學是起源於紀元前七世紀的印度，當時的阿拉伯人學會它之後，於紀元九〇〇年傳入歐洲。

阿拉伯人不僅將數學傳入歐洲，同時也將古代希臘的主要科學書翻譯成拉丁語；當中又以拉丁語譯的《天文學大全》流傳最廣。後來阿拉伯的天文學家又對日蝕及月蝕進行觀察及研究；而拉達斯也以醫學研究而馳名。

拉達斯（九八〇～一〇三七），是伊斯蘭思想史上一流的哲學家，他也是沙曼王朝怒呼二世的主治醫生，他的主要著作是《醫療之書》，其內容含有亞里斯多德的哲學、新柏拉圖的哲學和伊斯蘭神學；而《醫學規則》則是集希臘和阿拉伯醫學之大成，在十二世紀至十七世紀時是西歐醫學的基本書籍。

與拉達斯齊名的還有阿烏耶諾斯（一一二六～一一九八），他在闡釋亞里斯多德的註釋上，有獨到的見解；他也是一位著名的醫生，和聖瑪斯所著的《否定人類靈魂不滅》互相對立著。

阿拉伯人在自然科學的其它領域也都留下了有輝煌的研究結果，特別是化學和應用化學方面，他們發明了蒸餾和昇華的方法，並且分析了硫磺化合物和水銀化合物。

自然科學家的眼光

阿拉伯人將以上的自然科學的知識，擴展至義大利；但丁也受到了他們的影響，為了證明這一點，我們一起來研究一下但丁的作品《神曲》和《新生》，從中來了解但丁在自然科學上的見解。

且說以前義大利的文學，常使用直喻和隱喻來修辭文章，除此之外，他們也常將無生物、動物及植物與以人格化而在文學上穿插使用。關於這一個特性，但丁當然也不例外，透過這些比喻來觀察自然，並加以表現的這種態度，就是詩人的態度，也可說是自然科學家的態度。

白　花

因寒冷而垂著頭，闔上花瓣，
小小的花在太陽發出白光時，
便挺起莖枝開出花來。
——〔地〕二、一二七～一二九

枯　木

到了秋天，樹木的葉子一片片的凋零，
樹枝終於在地面上，
褪去了它所有的衣服。
——〔地〕三、一一二～一一三

蘭

在島的周圍之最低處，
海浪波及的附近，
有藺生長在這軟軟的土中。
——〔淨〕一、一〇〇～一〇二

椋鳥

寒冷的季節到來時，椋鳥們張開翅膀，
形成廣大的密集型在天空浮現著。
——〔地〕五、四〇～四一

鶴

鶴唱著哀怨的歌，
在空中排成一直線的隊形飛行著。
——〔地〕五、四六～四七

海狸

在大食量和嗜酒的德國人土地上，
海狸擺出了戰鬥的姿態。
——〔地〕一七、二一～二二

蠍子

武裝著像蠍子上的針，
上面有毒並交叉著，
尾巴懸空搖晃著。

——〔地〕一七、二五～二七

狗

狗在夏天受到跳蚤、蒼蠅和虻的騷擾，
在這些害蟲刺它時，
它會口腳並用的來驅趕這些害蟲。

——〔地〕一七、四九～五一

青蛙

住在濠溝邊的青蛙只露出它的鼻子在外面，
將自己身體的大部份和四肢隱藏起來。

——〔地〕二二、二五～二七

老鷹

當老鷹靠近時，鴨子便立刻潛入水中，
老鷹無法抓到它們而憤怒著，
帶著恨意離去。
——〔地〕二二、一三〇～一三一

螢火蟲

讓出了蚊蠅夾雜的場所片刻，
在下面谷中摘葡萄，耕耘時，
出現了螢火蟲。
——〔地〕二六、二八～三〇

青蛙

在農夫拾穗的作夢季節時，
在水中出現了鳴叫的青蛙。
——〔地〕三二、三一～三三

鵠

鵠咬緊牙齒，

發出鳴叫的聲音。

——〔地〕三二、三五～三六

鷲

鳥如劃著圓幅而飛行著，
然後以雷電般的速度急降而下。

——〔淨〕九、二八～二九

地質

究竟是地震的影響或是支持力減弱的緣故？
托倫多這邊的阿雷伊河之側面，
發生了山崩，
岩石從山頂落下到平原，
而碎落滿地。

——〔地〕三、六～九

海流

美西納海峽的波浪，

和其它波浪相撞擊而如同破碎般。

——〔地〕七、二二～二三

眼睛的錯覺

我們三人看到不遠處有七根黃金般的樹木，
但是這只是感覺上的欺騙，
它們有的共同特徵，
隨著距離的逼近，
理性的識別能力越強，
而領悟出這黃金的樹木只是黃金的燭檯罷了。

——〔淨〕二九、四三～五〇

這裏所謂共同特徵即是指詭辯主義，亞里斯多德在《靈魂論》中，對共同特徵和特殊特徵有一番說明。他認為共同特徵是指感官上的共同知覺的性質，如運動、休息、大小等，《神曲》地上樂園出現在前方的黃金燭檯，發出像閃電般的光輝，而但丁會將之看為黃金樹木的原因，完全是因為距離太遠的緣故，而對自己所產生的錯覺，加以說明。

月亮的斑點

如果你仔細的聽我辯論的話，
便能清楚的意識到，
你的意見已陷入虛偽的陷阱中。
在第八天中向你展示的星星，
隨著其光性質的大小，
而展現出各式各樣的姿態，
如果它的原因是在於濃密的話，
便會產生對某物施與較多的力量，
或較少、或相等力量的結果。
然而力量的不同，完全來自於形成的差異。
要是依照你的說法，那麼這個原理便會滅亡。
假如月球黑斑形成的原因，
是因為星星的材料不足嗎？
正如肉體有脂肪和肉的區別，

葉子也有多、寡的部份，
這些都是相同的道理嗎？
假如是第一個說法，
那麼在月蝕時，太陽光一定可以照射過它；
如果是第二個說法，
那麼光線便無法透過它，
在有了一個極限，
超過了界限便無法再前進。
別的光碰到這個界限反射回來的樣子，
宛如背面隱藏著鉛的玻璃一樣的發出光芒，
或許你也可能提出這樣的反論，
那便是太陽的光比其它地方還暗的原因，
是太陽從內處返照出來的緣故；
你學術源由的實驗，
如果經過嘗試的話，

會得到這樣的反論，
那就是與你的說法相違背。
你可以準備三面鏡子，
兩面放在和你有等距離的地方，
另外一面放在這兩面之間，
鏡面朝向眼睛擺好，
人朝向鏡子，並且在背後擺置一道光線，
讓三個鏡子都能照射到，
此時三面鏡子受到光線的影響而反射著，
同樣遠處的鏡子也發出相同的光暈，
一樣的光輝和耀眼。　——〔天〕二、六一～一〇五

但丁在月球天對月亮的斑點抱有疑問，於是他自己做了一番解釋，那就是投影在月球上的太陽光看起來陰暗，基於這個原因，因此，月亮看起來就產生了斑點。而主要的原因是月球質料粗糙的緣故。

但是，畢翠絲反對但丁的解釋，如果真的是這樣，那麼，月蝕的情形便會和

但丁所說的一樣。

接著，但丁試圖做其它的解釋，他認為月球的表面凹凸不平，太陽的光碰到了凹面而反射的話，當然會比較暗，於是看起來好像有斑點一樣。

關於這個說法，畢翠絲也提出了反駁，於是她做了一個實驗，那就是點燃的蠟燭和三面鏡子的實驗；實驗的結果是，遠處鏡子裏面的蠟燭光和其它兩面鏡子的光，雖然有距離大小的差別，但是，就光度的這一點卻是相同的。基於以上的結果，而將但丁所提的解釋一腳踢開。

這個實驗的先決條件是在光的二側擺置了二個鏡子，相當於月球表面明亮的部份，裏面的第三面鏡子相當於月球的斑點，也就是黑暗的部份。

為什麼會產生斑點呢？那是因為司掌天體運動的天使（智慧）力量，以各種比率聯結住天體，而產生混合的力量。由於混合比率的差異，使得天體的光度產生了明暗，也就是月球斑點的產生。

但丁在《饗宴》中也曾提到月球的斑點，而當時的知識完全是由阿維羅耶斯的《球體論》這一本書所借來的。

赤道

我們二人一起坐下來眺望方才攀登上來的東方，
瞭望方才走過的路，
不管對誰來說，都是一件快樂的事。
我先看往最低的海渚，
然後抬頭看著太陽，
受到左側光線刺激而大吃一驚。
因為詩人的光車介出我們和北方之間，
看到了他們，我感到相當疑惑，
他們發現了我，並且對我說：
「如果加色拉（Casella）和柏魯奇，
經常上上下下的送著光的話，
你將會看見大熊星的附近，
環繞著帶有紅色的黃道帶；
當然只要不脫離舊軌道，

並且擁有判斷的能力的話，
透過思考，
地球上聳立的希恩山和其它山，
事實上只是共有相同地平線的不同半球罷了，
因此，伽東不知如何駕馭馬車的情形下，
因而走到了叉路，
而沒有走向希恩山這一側的道路，
這個判斷能力，
只要用智力慎重檢討便可得知！」
於是我回答說：
「先生，
沒有比現在更清楚了，
剛剛可能一時失去理智；
在至高天運轉的中央的圈，
某種學問稱之為赤道，

太陽在冬天的時候，基於上面的理由，
它會向北面移動，
以希伯來人的眼光來看，
它是向著南面而離去；
我很想知道究竟還要走多久，
這座山太高了，
我怕我無法爬到上面。」

——〔淨〕四、五二～八六

但丁和維吉爾所在的場所是淨罪界前面的第一高台，但丁想像著太陽是在北邊。

希恩山是在耶路撒冷的一座高山，在這裏即指耶路撒冷本身，耶路撒冷是淨罪界的終點，兩者共有相同的地平線。

太陽走下赤道時，北半球是冬天；如果太陽走上赤道，北半球是夏天。冬季北半球的太陽到冬至線的附近，赤道在冬季的世界和太陽之間；冬季的南半球，太陽是在夏至線的附近，此時赤道是在淨罪界和太陽之間。

瘧疾

患有瘧疾的人會感到有惡寒的迫近，
到了黃昏，指甲就會變色，
身體就會發抖起來。　——〔地〕一七、八五～八七

癲癇

究竟是鬼神的力量使人跌倒呢？
還是人類無法抵抗的痙攣緣故呢？
一旦跌倒爬起來，
便會承受很大的痛苦，腦子混亂，
而瞭望著周圍而嘆息著。　——〔地〕二四、一一二～一一六

人體的形成

宛如從食桌將食物運走一般，
純粹的血對人體的四肢，

從心臟給與各種形狀的能力；
那是因為血液會流到四肢，
藉由血管流到那裏的緣故。
這些血液由消化口出來，
在不好的地方流向好的地方，
在自然之器中滴入其它的血中，
於是二種血液合而為一，
一方受到別的力量影響而產生其它功能，
另一方便絞出到完全的場所而進行能動的功能；
前者和後者聯結之後便開始活動，
接著，凝固物自己以本身作為材料，
繼續給與凝固的東西生命，
這樣的話便會產生像植物的靈魂般的東西，
這之間的差異在於前者還在未完成的路程中，
後者則已到達目的地了。

如果繼續活動下去，
就像水母般的運動，
它以自己的觸角作為種種的感官，
自然的把四肢作為一切的意志，
隱藏在父親的心臟所出來的力量，
到處流動著。
然而胎兒是如何變成一個有理性的人？
關於這一點，你或許並不了解，
但是比你更聰明的人，也都是錯誤的見解，
原因便在於他們沒有發現到特別的器官，
在他們的學理中，
他們將潛在的智慧和靈魂區分開來。
接著，我們必須袒開心胸來了解真正的原因，
也就是形成胎兒腦部組織，
並給與了原動力的東西，

都是自然所給與的完全法術和滿足感，
對那東西給與特別的能力，
將之吹入新的靈魂，
至於那個靈魂便在此時變成活動性的東西，
便將之吸收而成為一體，
有著生存的感覺和反省，
如果想要減少這些奇妙的語言的話，
可以想像成太陽照熱了葡萄的樹木，
使之熟透滴下了汁水時，
便成了葡萄酒。
要在達文斯紡織的麻繩消失時，
靈魂才能從肉體解放出來，
此時靈魂具備有人的性質、神的性質，
以及自己本身能力所擁有的，
其它能力都是不活潑的，

但是記憶、洞察和意志卻比以前更活躍，
靈魂奇蹟般的落在二岸之一，
突然領悟到自己要走的道路；
落到一個地方後，
靈魂便在自己的周圍，
形成力量和光輝，
那個方法和程度，
就宛如活著的時候，和肢體一樣。
就如同空氣中含有水蒸氣一般，
在太陽光線照射下反映著，
好像裝飾著各色各樣的色彩，
靈魂漂浮在空氣中，
在那裏停留的靈魂，
受到壓在上面的形式而形成自己的能力，
就像火移動後，

火焰便會移動它的位置，
空氣中的形狀，也跟隨在靈魂之後移動著；
但是靈魂是從空中的形狀獲得蹤影，
因而稱之為影子，
而且所有的器官產生了感覺，
最後得到了視覺，
也是由於這空氣中的形狀，
我們說話時才會笑、哭，
或是在山中聽到嘆息，
種種的願望和其它的愛情，
使我們感動，因而改變了影子的樣子，
這也是使你受到驚嚇的原因。

——〔淨〕二五、三七～一〇八

以上就是但丁對人體的形成的看法，針對胎兒是在何時及如何加進靈魂而加以說明。在上面這篇文章中，比你更聰明的人是指阿拉伯的哲學家兼醫學家的阿維羅耶斯而言。

對醫學的興趣

由以上的敘述我們可以想像，但丁在自然科學等方面都表示出某種程度的關心，但在當中，他特別注重於人體學中的一環——醫學；因此在這裏，我們要介紹但丁的醫學知識和當時義大利活躍的醫師。

譬如說在但丁處女作《新生》的第二章，但丁描述他和神秘的美女畢翠絲重逢時的身體狀況如下：

「在這時刻，我講的話都是真的，在心臟深處的屋子裏，住著生命的靈魂，而此時它正受到了震撼，因此，那陣戰慄傳到了細微的血脈；而發抖的靈魂，好像強而有力的神支配我一般。下一刻，一切的感覺的靈魂帶著高度智慧，來到了住在房間的生命活動的靈居處，使他們受到了驚嚇，尤其是向著視覺的靈說：《你們的福終於出現了。》此時司掌著營養的靈便開始哭泣，它哀傷的哭泣著，今後我大概會常被妨害吧！」

研究但丁的學者多瑪索．卡尼批評這個地方說：「但丁將生命的靈、生命活動的靈和營養的靈分別區分，是受到聖維多雷的《心靈論》的影響。」

中古世紀受到古代醫學的傳統影響，相信人體的內臟和器官都住有司掌各功能的靈，尤其但丁特別注意司掌生命的靈，而那個靈是住在但丁在《神曲》地獄篇第一首第二十行所稱為的「心洞」處，也就是流著血液的地方，他認為血液和生命力之間，有著密切的關係。

聖維多雷是中古世紀的神秘主義者，同時也是詭辯主義哲學家；他是布蘭多地方出生的貴族，在一一一五年進入了巴黎的聖維多雷修道院，後來成為教師。他嘗試神秘主義和辯證法的結合，認為對神的直視才是哲學最終的目的。

在上面的引用文中，義大語的原文寫著自然之靈，而在此我們將文譯為營養之靈；那是因為聖維多雷說這靈是供給營養與肉體而使它成長的緣故。

在《新生》第十四章曾寫著，有一天但丁受到友人的邀請，來到許多貴婦人聚集的家庭拜訪，傾刻間左側的胸受到了奇妙的發抖，並且擴展到全身，因而靠在走廊處的壁畫上，努力的想平息悸動的描述。而後，但丁領悟到原因是貴婦人預告畢翠絲將會來此，才會引起他的震撼。

諸如此類但丁有關心臟和血液記錄的作品很多，當中在《詩集》第一卷第六章一〇三行有這麼一段話：

「血管傳送著四散的血，
並向著心臟流去時，
我會變得蒼白！」

因為但丁的這段話，有些但丁學者認為但丁是血液循環的先驅者。但大多數的人還是認為，血液循環理論是倡導於十六世紀的安東尼亞・契沙比諾。

但丁教師

但丁在一二八五年至一二八七年曾到佛羅尼亞大學留學，當時他原本希望學習哲學和修辭學，但受到佛羅尼亞大學法律系的勢力壓迫下，哲學和醫學系聯合起來一起上課，因此，但丁間接的也研究了醫學。

遺憾的是，但丁無法聽到十三世紀最著名的學者——蒙底諾・里基在佛羅尼亞大學醫學部擔任教授的課，因為當時蒙底諾年僅十三歲。

然而但丁還是在醫學院聽到許多的課，並且學會這一門課；事實上，醫學對但丁在研究人類時，產生很大的幫助，也提供了但丁探索肉體和靈魂的關係的線索。

但丁結束在佛羅尼亞大學的留學生涯，再度回到佛羅倫斯。而一二九三年佛羅倫斯的政治趨向民主化，二十年間，只要擁有貴族爵位的人便不可擔任公職，包含但丁家族在內的二百五十個佛羅倫斯貴族，都感到困惑。

在一二九五年七月六日訂定下來的正義法規，緩和了這種情形，只要組合或加入工會，便可排除在這限制之外；於是但丁利用他在佛羅尼亞大學所選修的醫學知識，登記進入醫師、藥劑師的工會，因而擔任公職。

昔日佛羅倫斯的警察局是稱為巴基耶羅的公館，在今日成為一間博物館，裏面有一幅但丁的肖像畫，畫著但丁穿著紅色的衣服站在聖者的後面。

為什麼畫中的但丁穿著紅色的衣服呢？那是當時醫生的制服，因此，但丁平常也穿著紅色的衣服，外罩一件暗色的披風。而人人稱他為先生（Master）。

佛羅尼亞大學醫學部

首先我們來看看佛羅尼亞大學，這間大學是神聖羅馬帝國的皇帝派系，為對抗已經整理好的教會法大系，於是成立大學並以羅馬的法律作基礎，而編製一部皇帝法大系；因此這間大學的中心勢力，當然是在法律系。

受到法律系勢力的波及，其它學系的教授也像在解釋法典一般的教課著，並且不尊重希臘和阿拉伯醫學，僅重視蘇格拉的醫學。

基本上，佛羅尼亞大學醫學部的一般傾向於詭辯主義派；就算是教授，也不可以在課堂中使用希臘、阿拉伯醫學的講義，然而矛頓處便在身為醫師的個人，常以希臘和阿拉伯的醫學，來治療當時的患者。

但丁是佛羅倫斯白黨的領袖，當時白黨的敵人黑黨的領袖是柯索・杜納蒂，是佛羅尼亞大學教授拉底歐的友人，他曾寫了一本書《保持健康的心得》給與柯索，裏面記載著種種保持健康的方法，其中特別重視口腔和牙齒的衛生，並且勸他每日都要做幾次的體操；這本書同時也提到學校師生的衛生管理，因此，本書被認為是最早的社會醫學書籍。

醫學家教皇

教皇約翰二十一世以醫學家的身份寫下了一本《眼睛相關之書》，在三百年後被畫家米開朗基羅從中截取精華而聞名於世，今日這本精華本被保管於羅馬的梵帝岡圖書館中。

正如大家所熟知，米開朗基羅為畫西斯典那禮拜堂的天井圖，四年間仰望著天花板描述壁畫，因此患有眼疾，他當然特別需要這本精華本。

美術史家瓦薩里曾這樣的說：「米開朗基羅在完成禮拜堂的工作時，常常用眼過度，以後他在看信、看圖案時，都是將東西拿高而由下往上看。」

關於《眼睛相關之書》共分為三篇，第一篇是眼睛的解剖學和生理學，第二篇是眼疾的研究，第三篇是眼疾的治療。現在我們來看看第一篇的部份內容：

「眼睛的主要部份是水晶體……眼睛認知對象物的動因便是視覺的神經，這神經沿著中央的溝活動著，當眼睛看不見時，是因為這一條溝關閉，或者是視覺神經變厚的緣故！」

皮托斯的耶拉希斯托拉，是確立生理學體系的醫生，他認為血液的循環是營養和運動的源泉。空氣由肺中得到，到達心臟，先由靜脈輸送至身體的各部份運作，再由動脈輸送至腦部，這就是第一個循環；第二個循環便是靈魂的循環，就是以中空的神經分配到各部份。

卡納諾另外又建立了生理學的旁系，他認為除了空氣之外，還有其第三種循環，他所謂的第三個循環，就是自然的循環，肝臟分泌出的膽汁可幫助消化器官的運作，因此要包含在身體的循環當中。

最後，斯托雅派的醫學家將一切存在的原理，比如說內在、浸透，自己所形成的生命和理性等促使自己運動的物質，都稱之為循環。

這麼看來，我們可知循環的種類有很多種，而約翰二十一世的見解，可說是蠻接近卡納諾的循環了。

維多洛・伊斯巴諾醫生，曾在他服侍葛洛哥里十世時，也就是在一二七六年前，寫一本《貧人寶典》，裏面所介紹的是一種臨床醫學；這本醫學百科全書在全歐洲到處流行著，十五世紀印刷術發明後，這也是第一本透過印刷發行的書。

拉丁納森林

但丁和他的朋友

但丁有很多醫學界的朋友，在他的作品中也曾提到幾個醫生，譬如說拉底歐・阿累洛和皮耶多洛・伊斯諾等。現在我們要介紹的是斐多費契・米洛弟醫生，他是但丁在人生的終站拉丁納處所認識的，斐多費契是一位醫生，同時也是才華洋溢的詩人；因此但丁和他的關係，不如說是詩人的交往。

斐多費契出生於托斯康納地方，他和《十日談》的作者薄伽丘是同鄉。在一三〇〇年隨著他的女兒卡德麗娜嫁給拉丁納領主的兄弟喬安而來到這裏。

他在拉丁納和但丁密切交往著，兩人常一起漫步在拉丁納的森林中，並肩交換心得和談話著，他曾對但丁提到佛羅尼亞的保護者對但丁懷有敵意，因此，警告但丁決不可以到佛羅尼亞去。

為什麼他們二人的會話會牽扯到佛羅尼亞呢？那是因為當時住在佛羅尼亞的喬安里・安東尼奧的詩人，和但丁常交換詩，因此，但丁有可能到佛羅尼亞去拜訪這個詩人，於是斐多費契勸但丁不可前去佛羅尼亞。

喬安里・安東尼奧相當崇拜古代的羅馬詩人，他有用拉丁文而不用義大利文作詩的習慣。因此，他將自己的名字用拉丁語稱為喬安尼底諾・維吾幾歐。

最後的中世紀人

綜合以上的內容，但丁和自然科學的關係最為密切，尤其是醫學，在血液循環、心臟問題、眼睛和光的問題，更是有其獨到的見解。

在研究的過程中，但丁特別注意拉底歐教授的提示、約翰二十一世的《眼睛相關之書》和米速里的《眼睛的不和》等書。

聽說畢翠絲是一個眼睛很大，目光如炬的女性。在《神曲》的地上樂園處，再度和但丁相逢，但是她當時是坐在神秘的半獅半鷲怪獸（griffin）的旁邊，宛如怪獸般發亮的綠色眼睛，反射在畢翠絲的眼睛中，進而發出了光輝，而這個光輝再度反射到但丁的眼睛中，不僅使但丁的眼睛對周圍的環境十分適應，在天堂界旅行的時候，使他的眼睛無一絲不快感。

由此可知，但丁對視力和光學的問題，頗具知識和關心。

在分析但丁的科學思想時，雖然稱呼他為中古世紀的人，然而他是否具有文藝復興時代的人的身份呢？

我們現在來介紹一下密西根大學教授查爾斯‧高爾斯的一段話，這是在他演講『義大利人文主義和文藝復興時代的自然科學』中的內容。

「中世紀到文藝復興時代的文學和自然科學之間的關係，不可避免的便是宗教和自然科學的關係。

以但丁為例子來說明的話，會更加的清楚，因此我單純以但丁《神曲》中的文學和自然科學為根據，經過完整的融合後，以歷史作為透視來對照和瞭望。

在《神曲》中的彼岸世界的但丁風格，是宗教上和神學上的幻想，透過蘇格拉的自然科學，繼承了希臘的天文學、宇宙論、氣象學和物理學。

然而根據但丁的說法，倫理上和宗教上可能會有失敗的情形發生，就是連亞當、基督和聖母瑪麗亞也不可能完美無缺，這些失敗是自然的製造者不完美而產生的。在《神曲》天堂篇第十三首中，借用聖湯瑪斯的口中說出：『精通技術的自然，在製作的過程中因手顫抖而影響到技術，就如同用理想的模式來印刷，還會產生些許的誤差一般！』來加以說明。」

這位教授也指出，義大利真正的文藝復興時代的自然科學家，應該是指伽利略才對。

因此，但丁是最後的中世紀人，也就是文藝復興時的第一人，實在值得再更進一步的調查。

結　語

但丁的第一個身份是詩人，他同時具有語言學家、哲學家、神學家及古典自然科學家等身份。在中古世紀和文藝復興期間，讓古代希臘和拉丁語的學問復興起來的人文主義者。他身為政治家之時，也是佛羅倫斯這個國家的首領。

但丁生存的年代，是義大利和歐洲政治糾纏不清的時代，因此達成「和平」便成了最重要且急迫的事了。關於這一點，幾乎可以說是和現代差不多；他全力的奮鬥努力後，依舊無法完成和平的願望，但是這種努力，受到後人的稱讚。

在巴黎有一個國家機關幽尼斯哥，在數年前將他選為英雄人物之一，或許正是因為但丁努力企求和平的緣故吧！

一九六五年但丁七百年生誕紀念日，住在義大利的但丁學者安東尼諾・柔卡斯基諾，出版了一本《但丁和社會》的小冊子，當中有這麼一段話：

「但丁的理想並不是要實現烏托邦，而是以試驗人類的善意和能力為基礎，建立起保證的目標。今日，我們住在眾多紛爭、對立和不和中，這整個世界就如同患了絕症般地毫無希望的病人，然而我們卻沒有發覺到這一點，好像走在但丁所設計的道路上，這樣說也不為過。」

最後，對詩聖但丁的生涯和思想作正確的說明，由於但丁是中世紀和文藝復興時代的人，因此，必須藉由歐洲學者的學說和書籍才能窺視，所以，若有些地方解釋的不清楚或誤解，敬請各位指教、批評。

但丁年譜

西曆	年齡	但丁年譜及佛羅倫斯的歷史	相關事件及參考事項
一二一五		由於布迪爾莫達被暗殺，布迪爾莫達家、阿米底威爾丁家之間變成不和，而佛羅倫斯也被一分為二。	
一八		說服了佛羅倫斯近郊的居民，讓他們服從佛羅倫斯的公社（Kommune）。	
二〇～		佛羅倫斯和比薩的對立仍持續著，	
二二		而比薩軍在荷斯科城打了敗仗。	
二四		佛羅倫斯為了壓制近郊的諸侯，在亞諾溪谷設立了離堡。	
三〇		佛羅倫斯軍和西那軍、貝爾茲軍戰鬥，佔領了霍特・艾爾可里。	
三三		佛羅倫斯軍包圍西那。	
三五		佛羅倫斯軍及西那軍之間達成和解，西那將摩答爾基諾城讓渡給佛羅倫斯。	
三七		和平及建設的時期。道路一一鋪設起來，魯巴科第橋也建造完成。	

一二四〇	設立米塞可爾迪亞慈善協會。 建造聖瑪麗亞・挪威拉教堂。	
四七	除了蓋爾菲黨及奇柏林黨之間的鬥爭之外，在奇柏林黨內部、威爾丁家族、迪帕爾第尼家族、卡霍塞基家族、布內雷斯基家族之間也發生了權力鬥爭，蓋爾菲黨內部也有特那德家族、亞第馬里家族、巴索家族、布迪爾莫達家族的彼此相爭情形。	
四八～四九	由於神聖羅馬帝國軍隊的介入，蓋爾菲軍從佛羅倫斯撤退。神聖羅馬帝國皇帝夫迪艾里可二世，進入特斯卡那一地，而留在弗奇基奧。奇柏林黨軍和卡布拉亞戰鬥獲勝。	
五〇	佛羅倫斯的第一屆市民政權成立，蓋爾菲黨員回歸佛羅倫斯。 市內貴族邸宅的高塔高度被限制為五十英呎（約三十公尺）。	索爾霍麥學校（巴黎神學院）創立。
五一	佛羅倫斯的國旗，從紅底白百合的紋章變更為白底紅百合的紋章。	
五二	開始鑄造佛羅倫斯的貨幣。	

一二五三	佛羅倫斯軍佔領畢斯特伊亞，和西那發生戰鬥。	
五四	佛羅倫斯軍佔領波茲荷茲及威爾丁魯拉。	
五五	建造市長的辦公處，也就是巴爾茲羅宮殿。	
五六	佛羅倫斯軍在波丁・史爾・塞爾基奧打敗了比薩軍。奇柏林黨員從佛羅倫斯被放逐到西那，威爾丁家的大邸宅遭到破壞。	蒙古軍侵入波斯。
五八		在英國也發生巴洛等人的叛變事件(～一二六五)。
五九		聖湯瑪斯・阿奎諾寫了『對異教徒信仰的辯護』(～一二六〇)。
六〇	佛羅倫斯軍和西那軍發生戰鬥。馬夫雷答所派出的德意志兵團擊敗了佛羅倫斯軍。九月四日的莫達貝爾第之役，西那軍又打敗佛羅倫斯軍。根據佛羅倫斯當局所發表的數字，戰場有二千五百具遺體。而根據西那當局的說法，則有一萬具遺體。因此，蓋爾非黨員自動離開佛羅倫斯，而奇柏林黨員則在艾波	瑪姆爾克朝的將軍擊退了蒙古軍。

		里集會。他們建議趁勢破壞佛羅倫斯，但因為弗里那第・威爾丁的反對，此項提案並未實現。約翰達諾伯爵以馬夫雷德王的名義佔領了佛羅倫斯。	
一二六一		馬夫雷德王的副官庫特・諾威艾洛奉命擔任佛羅倫斯的行政長官。 奇柏林黨軍包圍佛羅倫斯。	挪威王國征服了冰島（～一二六四）。 東羅馬帝國收復君士坦丁堡。
六二		蓋爾菲黨擊退了想佔領西尼的庫特・諾威艾諾，並委託魯卡追擊他們，迫使對方退至波羅尼。	
六三			全俄的指導者亞歷山大・涅夫斯基逝世。
六四		弗里那第・威爾丁逝世。	
六五		但丁出生。	
六六	1	在貝內威特一役，馬夫雷德被打敗，失去保護者特斯卡那地方的奇柏林黨面臨危機。 屬於奇貝利黨的喜樂修道士羅迪利科・達里・阿德羅，以及屬於蓋爾菲黨的喜樂修道士	

一二六七

2

卡達拉那・達伊・馬拉威爾第兩人共同奉命擔任佛羅倫斯的行政長官。

佛羅倫斯成立了各種大小公會。支配管理屬於大公會的七個公會。乃繼承羅馬帝國執政官名義的執政官。

由於民主制度的力量增強，佛羅倫斯的民眾將庫特・諾威艾洛及奇柏林黨的領袖放逐。

意圖再度闖入佛羅倫斯的奇柏林黨軍在卡拉伊亞橋畔被擊退。

阿茲家族的卡爾羅從此時開始約十年間，讓副官駐在佛羅倫斯，而讓二位市民代表輔佐他，這樣更加鞏固獨裁政治的體制。另外，沒收了逃亡至國外去的奇柏林黨員的財產，將三分之一交給佛羅倫斯政府三分之一分給戰亂時失去財產的蓋爾菲黨員。剩下的三分之一，則在蓋爾菲黨的監督下暫時保管。佛羅倫斯的行政事務也交給蓋爾菲黨的市民手中，當時市長的任期是二個月。就這樣，除了比薩及西那之外，全特斯卡那地方都在蓋

		爾菲黨的掌握之中。八月，阿茲家族的卡爾羅進入特斯卡那一地，包圍了霍茲荷茲，十二月左右，便將此地降伏。	
一二六八	3	佛羅倫斯和比薩發生戰鬥，波爾特・比薩諾和莫特內羅被佔領。	
六九	4	西那軍和其他的奇柏林黨軍由布洛溫艾茲爾・沙爾威尼率領，和佛羅倫斯軍、阿茲家族的副官所率領的聯合軍隊戰鬥，在科雷威爾第魯沙一役戰敗，總指揮官不幸戰死。	
七〇	5	基諾・畢斯特伊亞出生。	第七次十字軍（～一二七四）東征。巴貝斯布爾克的魯特爾夫被選為德意志王。
七三	8	教皇庫利可里奧十世訪問佛羅倫斯，由阿茲家的卡爾羅和君士坦丁堡的皇帝巴爾特威諾二世隨行。為迎接這些賓客，蓋爾菲黨和奇柏林黨之間在魯貝可達橋締結和平協定。	

一二七四	9	聖湯瑪斯・阿奎諾逝世於佛羅倫斯。	馬可孛羅前往元朝晉見忽必烈。
七五	10		
七六	11	庫特・克尼艾里逝世。 喬治・迪伊・霍特內出生。	
七八	13	教皇尼可洛三世派遣樞機主教拉迪那・弗拉茲巴尼前往佛羅倫斯，讓蓋爾菲黨及奇柏林黨發誓維持和平。	
七九	14	根據樞機主教所訂立的憲法，選出八位蓋爾菲黨員及六位奇柏林黨員為市民代表，決定將佛羅倫斯的行政事務交給他們所組成的團體，而所有代表都集合於卡薩・哈迪亞島。	
八二	17	佛羅倫斯為了要幫助因西西里晚禱事件而陷於困境的卡爾羅一世，派遣由庫特・德・巴達弗奧里伯爵所率領的援軍前往支援。 創設組合統領以取代行政機構的市民代表。 這是第二屆市民政權的成立。統領的任期是二個月。統領及市長是執行機關，為了就任這些職務，他們都必須先加入組合。	

一二八三	18	但丁和畢翠絲第二次相遇。
		但丁和靜瑪·杜納蒂被人所逼非自願地訂立形式上的婚姻。
		但丁的父親逝世。
八五	20	但丁前往波羅尼大學留學。
		阿茲家的卡爾羅二世（諾威艾洛）從亞拉可家的牢獄被釋放出來，回到拿波里的途中，又轉往佛羅倫斯。
八九	24	六月十一日，佛羅倫斯軍和阿雷索軍、奇柏林軍的聯合軍，在卡巴爾迪諾的林野發生戰鬥，贏得勝利。佛羅倫斯軍的指揮為奈利·德·查爾基及科爾索·德那達，聯合軍的指揮則為阿雷索的主教及布可第·德·莫答弗爾得洛。
		但丁在此被以佛羅倫斯軍隊騎兵隊的一員參戰。
		八月，佛羅倫斯軍攻擊比薩佔領了卡布洛拿城堡。
		聖瑪麗亞·麥溫醫院的建設者同時也是貝特

一二九〇	25	李查的父親夫爾科・德伊・波爾達那里的父親去世。 二月十五日，統領邱諾・德拉・貝拉發表了民主性的「正義法規」。富裕階級在佛羅倫斯的行政系統遭到排除，而有了白底染十字軍圖案的旗幟，以及千人的步兵所組成的「正義旗手」的制度，而賦予他們保護受到富裕的市民壓迫的貧民的任務。 此時，住在霍茲荷茲等處近郊的封建諸侯們，開始服從佛羅倫斯，而比薩則將通商上的特權讓渡給佛羅倫斯。 西蒙內・德・哈爾達的年輕妻子畢翠絲二五歲年紀輕輕便逝世。但丁非常悲傷，以閱讀哲學書籍來解愁。	
九一	26		瑞士聯邦成立。
九二	27	開始建立聖彼得教堂。	
九三	28	此時，但丁開始執筆《新生》。	在中國開始有天主教傳入
九四	29	柏呂奈多・拉丁尼及奎尼奇里逝世。	

一二九五	30	畫家基馬布艾開始繪製聖瑪麗亞・迪爾・夫奧利教堂及聖庫洛奇教堂的壁畫。 邱諾・迪拉・貝拉被放逐，雖也有廢止「正義法規」的聲浪，但其內容放寬而緩和了聲浪。 鑄造佛羅倫斯的銀幣。	英國愛德華一世的模範議會開始。
九八	33		馬可孛羅口述《東方見聞錄》。
九九	34	開始建造統領的事務所巴拉索・威奇歐宮殿。	
一三〇〇	35	此時，佛羅倫斯的市民分裂為白黨和黑黨，兩黨之間開始形成對立的局面。白黨的黨首是溫艾利・德・塞爾奇。黑黨的黨首是科爾索・德那達。蓋爾菲黨為了進行善後工作，派遣二位代表前往梵蒂岡。 此時，但丁被選為統領。 教皇使節樞機主教馬里昂庫斯・達魯達訪問佛羅倫斯，逼白黨及黑黨的代表辭職，但因為白黨代表拒絕辭職，所以樞機主教向他們宣佈停止聖職，回到羅馬。	

一三〇一

36

佛羅倫斯的政爭仍持續著，而可姆內放逐了白黑兩黨的領袖。黑黨黨員及黨首被幽禁在卡斯第爾・迪拉・畢艾烏。而白黨黨員則被幽禁在沙爾薩拿。

奎多・卡瓦康尼逝世。

黑黨黨員集合於聖多尼答教堂，議決請求教皇的援助。但是，當時佛羅倫斯在白黨政權之下，佛羅倫斯及畢斯特伊亞的黑黨黨員被放逐。

查爾斯・德・溫洛亞以調停者的名義被教皇派遣到佛羅倫斯。

十一月五日，全體市民集合於聖瑪麗亞・諾威艾拉教堂，決定將調停這件工作交給查爾斯・德・溫洛亞去做，而將科爾索・德那達及黑黨領袖召回佛羅倫斯。

不久之後，市內陷入大混亂，統領被更換，但是，新選出的統領全都是黑黨黨員。

坎迪卡布利・迪歐被任命為統領，此時被放逐的統領之一，是著名的歷史學家丁諾・柯

		巴尼。 此時，但丁為了要交涉解除對佛羅倫斯的白黨停止聖職這件事，正滯留於羅馬，但一直無法獲得解除的許可。
一三〇二	37	佛羅倫斯開始宣佈白黨黨員有罪，而但丁也以貪污及對查爾斯・德・溫洛亞有敵對行為的罪名，在裁判時缺席的情形下被宣告放逐。 查爾斯・德・溫洛亞離開佛羅倫斯前往拿波里。 佛羅倫斯和魯卡合作，想征服勢力較強的畢斯特伊亞，佔領了塞拉華利。
〇三	38	但丁開始執筆《俗語論》。
〇四	39	佛羅倫斯富裕階級和貧窮階級之間的相爭更加激烈。 樞機主教弗拉・尼可洛・德，布拉特以調停者的角色介入，想要牽制黑黨的橫暴行為，但遭到失敗。 佛羅倫斯市內的一千七百戶人家因為內戰及火災全被焚毀。

一三〇六	41	七月十二日奇柏林黨員及白黨黨員想設法打開沙恩・卡洛的城門，進入佛羅倫斯城內，但被民眾擊退。而指揮被放逐者的，正是溫艾利・德・塞爾奇及威爾第家族的人。 畢斯特伊亞這地方，在經過長久的包圍攻擊之後，終於被馬爾基魯洛・馬拉斯畢那所率領的佛羅倫斯軍所降伏。城壁遭到破壞，而領地佛羅倫斯及魯卡被沒收。 向威爾第家族發動攻擊，莫達基尼可城遭到破壞。 建設斯卡爾貝利亞城塞。 佩脫拉克出生。 但丁開始寫作《饗宴》（～一三〇七）。 雅柯波涅・培洛狄逝世。	
〇七	42		法王菲律普四世解散了聖殿騎士修道會，並沒收其財產。
〇八	43	由於想掌握佛羅倫斯霸權的科爾索・德那達陰謀被揭發了，所以被放逐、殺害。	

一三〇九	44	但丁重新開始寫作本已中斷的《神曲》。	教皇廳遷移到拉芬尼奉。
一〇	45	哈伊里七世開始南下義大利，而佛羅倫斯發生恐慌。 拿波里王羅雷魯多訪問佛羅倫斯，努力想再度重建蓋爾菲黨間的和平。 但丁寫信給佛羅倫斯市民，勸他們向哈伊里七世發誓服從。	
一一	46	佛羅倫斯政府使佛羅尼亞及卡斯他尼地方的蓋爾菲黨員團結並結成同盟，一起抵抗哈伊里七世。 哈伊里七世的使節被拒絕進入佛羅倫斯城。 當時，滯留於日內瓦的哈伊里七世沒收了當地佛羅倫斯商人的財產，並將他們放逐。 拿波里王派遣援軍到佛羅倫斯。	
一二	47	三月六日，哈伊里七世抵達，受到歡迎。 卡斯他尼地方的蓋爾菲同盟，派援軍到正在防禦羅馬中的安底家族。 哈伊里七世佔領了羅馬的一部份，舉行聖羅	

		馬帝國皇帝的加冕儀式。 哈伊里七世佔領了莫溫爾基及聖若窩尼，逼迫他們打開佛羅倫斯的城門。但因為沒有把握這次攻擊會成功，所以撤退到沙・卡西亞諾。
一三一三	48	回到比薩的哈伊里七世，八月八日從該地出發，在前往和拿波里王羅雷魯多決戰的途中，患了急病而逝世。遺體被送到比薩並埋葬於大聖堂。佛羅倫斯民眾很高興，將領主權交給羅雷魯多王。 薄伽丘出生。 但丁開始寫作《帝政論》。 建造聖瑪麗亞・德拉・史卡拉醫院。
一四	49	由威克基那・內・德拉・夫茲樂所率領的比薩軍佔領了魯卡。
一五	50	佛羅倫斯和比薩發生戰鬥，包圍尼艾華里溪谷的莫達卡迪尼。 八月二十九日，佛羅倫斯軍和其他的蓋爾菲黨軍，由菲律普・德・達拉特及羅雷魯多王

		之弟畢艾德羅王子所率領參加戰事，不過，最後被威克爾基・德拉・夫茲樂的軍隊大敗。 但丁的罪狀再度被確認。	
一三一六	51	佛羅倫斯的蓋爾菲黨內發生分裂。 安底家的副王被限制權限。	
一七	52	魯卡發生對威克爾基・德拉・夫茲樂的反叛。 從佛羅倫斯有通知傳來，說允許讓但丁回到祖國佛羅倫斯，但但丁以名譽已受損的理由拒絕回國。	
一八	53	布那可索・畢塔創立了城外的聖安娜修道院。	
二一	56	但丁逝世。	
二七			德意志王特華喜四世遠征義大利。
二八			法國的坎貝王朝中止。
三八			由於法國王位繼承權，法國和英國開始了百年戰爭（～一四五三）。
四六			英國的愛德華王子在克西一役打敗法軍。

大展出版社有限公司
品冠文化出版社

圖書目錄

地址：台北市北投區(石牌)
致遠一路二段 12 巷 1 號
郵撥：01669551<大展>
19346241<品冠>

電話：(02) 28236031
28236033
28233123
傳真：(02) 28272069

・熱門新知・品冠編號 67

1.	圖解基因與 DNA	(精)	中原英臣主編	230 元
2.	圖解人體的神奇	(精)	米山公啟主編	230 元
3.	圖解腦與心的構造	(精)	永田和哉主編	230 元
4.	圖解科學的神奇	(精)	鳥海光弘主編	230 元
5.	圖解數學的神奇	(精)	柳 谷 晃著	250 元
6.	圖解基因操作	(精)	海老原充主編	230 元
7.	圖解後基因組	(精)	才園哲人著	230 元
8.	圖解再生醫療的構造與未來		才園哲人著	230 元
9.	圖解保護身體的免疫構造		才園哲人著	230 元
10.	90 分鐘了解尖端技術的結構		志村幸雄著	280 元

・名人選輯・品冠編號 671

1.	佛洛伊德	傅陽主編	200 元
2.	莎士比亞	傅陽主編	200 元
3.	蘇格拉底	傅陽主編	200 元
4.	盧梭	傅陽主編	200 元

・圍棋輕鬆學・品冠編號 68

1.	圍棋六日通	李曉佳編著	160 元
2.	布局的對策	吳玉林等編著	250 元
3.	定石的運用	吳玉林等編著	280 元
4.	死活的要點	吳玉林等編著	250 元

・象棋輕鬆學・品冠編號 69

1.	象棋開局精要	方長勤審校	280 元
2.	象棋中局薈萃	言穆江著	280 元

・生活廣場・品冠編號 61

1.	366 天誕生星	李芳黛譯	280 元

2. 366 天誕生花與誕生石　李芳黛譯　280 元
3. 科學命相　淺野八郎著　220 元
4. 已知的他界科學　陳蒼杰譯　220 元
5. 開拓未來的他界科學　陳蒼杰譯　220 元
6. 世紀末變態心理犯罪檔案　沈永嘉譯　240 元
7. 366 天開運年鑑　林廷宇編著　230 元
8. 色彩學與你　野村順一著　230 元
9. 科學手相　淺野八郎著　230 元
10. 你也能成為戀愛高手　柯富陽編著　220 元
11. 血型與十二星座　許淑瑛編著　230 元
12. 動物測驗—人性現形　淺野八郎著　200 元
13. 愛情、幸福完全自測　淺野八郎著　200 元
14. 輕鬆攻佔女性　趙奕世編著　230 元
15. 解讀命運密碼　郭宗德著　200 元
16. 由客家了解亞洲　高木桂藏著　220 元

・女醫師系列・品冠編號 62

1. 子宮內膜症　國府田清子著　200 元
2. 子宮肌瘤　黑島淳子著　200 元
3. 上班女性的壓力症候群　池下育子著　200 元
4. 漏尿、尿失禁　中田真木著　200 元
5. 高齡生產　大鷹美子著　200 元
6. 子宮癌　上坊敏子著　200 元
7. 避孕　早乙女智子著　200 元
8. 不孕症　中村春根著　200 元
9. 生理痛與生理不順　堀口雅子著　200 元
10. 更年期　野末悅子著　200 元

・傳統民俗療法・品冠編號 63

1. 神奇刀療法　潘文雄著　200 元
2. 神奇拍打療法　安在峰著　200 元
3. 神奇拔罐療法　安在峰著　200 元
4. 神奇艾灸療法　安在峰著　200 元
5. 神奇貼敷療法　安在峰著　200 元
6. 神奇薰洗療法　安在峰著　200 元
7. 神奇耳穴療法　安在峰著　200 元
8. 神奇指針療法　安在峰著　200 元
9. 神奇藥酒療法　安在峰著　200 元
10. 神奇藥茶療法　安在峰著　200 元
11. 神奇推拿療法　張貴荷著　200 元
12. 神奇止痛療法　漆 浩 著　200 元
13. 神奇天然藥食物療法　李琳編著　200 元

14. 神奇新穴療法	吳德華編著	200 元
15. 神奇小針刀療法	韋丹主編	200 元

・常見病藥膳調養叢書・品冠編號 631

1. 脂肪肝四季飲食	蕭守貴著	200 元
2. 高血壓四季飲食	秦玖剛著	200 元
3. 慢性腎炎四季飲食	魏從強著	200 元
4. 高脂血症四季飲食	薛輝著	200 元
5. 慢性胃炎四季飲食	馬秉祥著	200 元
6. 糖尿病四季飲食	王耀獻著	200 元
7. 癌症四季飲食	李忠著	200 元
8. 痛風四季飲食	魯焰主編	200 元
9. 肝炎四季飲食	王虹等著	200 元
10. 肥胖症四季飲食	李偉等著	200 元
11. 膽囊炎、膽石症四季飲食	謝春娥著	200 元

・彩色圖解保健・品冠編號 64

1. 瘦身	主婦之友社	300 元
2. 腰痛	主婦之友社	300 元
3. 肩膀痠痛	主婦之友社	300 元
4. 腰、膝、腳的疼痛	主婦之友社	300 元
5. 壓力、精神疲勞	主婦之友社	300 元
6. 眼睛疲勞、視力減退	主婦之友社	300 元

・休閒保健叢書・品冠編號 641

1. 瘦身保健按摩術	聞慶漢主編	200 元
2. 顏面美容保健按摩術	聞慶漢主編	200 元
3. 足部保健按摩術	聞慶漢主編	200 元
4. 養生保健按摩術	聞慶漢主編	280 元

・心 想 事 成・品冠編號 65

1. 魔法愛情點心	結城莫拉著	120 元
2. 可愛手工飾品	結城莫拉著	120 元
3. 可愛打扮 & 髮型	結城莫拉著	120 元
4. 撲克牌算命	結城莫拉著	120 元

・少 年 偵 探・品冠編號 66

1. 怪盜二十面相	（精）	江戶川亂步著	特價 189 元
2. 少年偵探團	（精）	江戶川亂步著	特價 189 元

18. 吳式太極劍	王培生著	200 元
19. 太極拳健身與技擊	王培生著	250 元
20. 秘傳武當八卦掌	狄兆龍著	250 元
21. 太極拳論譚	沈 壽著	250 元
22. 陳式太極拳技擊法	馬 虹著	250 元
23. 二十四式 / 三十二式 太極拳 / 劍	闞桂香著	180 元
24. 楊式秘傳 129 式太極長拳	張楚全著	280 元
25. 楊式太極拳架詳解	林炳堯著	280 元
26. 華佗五禽劍	劉時榮著	180 元
27. 太極拳基礎講座：基本功與簡化 24 式	李德印著	250 元
28. 武式太極拳精華	薛乃印著	200 元
29. 陳式太極拳拳理闡微	馬 虹著	350 元
30. 陳式太極拳體用全書	馬 虹著	400 元
31. 張三豐太極拳	陳占奎著	200 元
32. 中國太極推手	張 山主編	300 元
33. 48 式太極拳入門	門惠豐編著	220 元
34. 太極拳奇人奇功	嚴翰秀編著	250 元
35. 心意門秘籍	李新民編著	220 元
36. 三才門乾坤戊己功	王培生編著	220 元
37. 武式太極劍精華＋VCD	薛乃印編著	350 元
38. 楊式太極拳	傅鐘文演述	200 元
39. 陳式太極拳、劍 36 式	闞桂香編著	250 元
40. 正宗武式太極拳	薛乃印著	220 元
41. 杜元化＜太極拳正宗＞考析	王海洲等著	300 元
42. ＜珍貴版＞陳式太極拳	沈家楨著	280 元
43. 24 式太極拳＋VCD	中國國家體育總局著	350 元
44. 太極推手絕技	安在峰編著	250 元
45. 孫祿堂武學錄	孫祿堂著	300 元
46. ＜珍貴本＞陳式太極拳精選	馮志強著	280 元
47. 武當趙堡太極拳小架	鄭悟清傳授	250 元
48. 太極拳習練知識問答	邱丕相主編	220 元
49. 八法拳 八法槍	武世俊著	220 元
50. 地趟拳＋VCD	張憲政著	350 元
51. 四十八式太極拳＋DVD	楊 靜演示	400 元
52. 三十二式太極劍＋VCD	楊 靜演示	300 元
53. 隨曲就伸 中國太極拳名家對話錄	余功保著	300 元
54. 陳式太極拳五功八法十三勢	闞桂香著	200 元
55. 六合螳螂拳	劉敬儒等著	280 元
56. 古本新探華佗五禽戲	劉時榮編著	180 元
57. 陳式太極拳養生功＋VCD	陳正雷著	350 元
58. 中國循經太極拳二十四式教程	李兆生著	300 元
59. ＜珍貴本＞太極拳研究	唐豪・顧留馨著	250 元
60. 武當三豐太極拳	劉嗣傳著	300 元
61. 楊式太極拳體用圖解	崔仲三編著	400 元

62. 太極十三刀　張耀忠編著　230 元
63. 和式太極拳譜＋VCD　和有祿編著　450 元
64. 太極內功養生術　關永年著　300 元
65. 養生太極推手　黃康輝編著　280 元
66. 太極推手祕傳　安在峰編著　300 元
67. 楊少侯太極拳用架真詮　李璉編著　280 元
68. 細說陰陽相濟的太極拳　林冠澄著　350 元
69. 太極內功解祕　祝大彤編著　280 元
70. 簡易太極拳健身功　王建華著　180 元
71. 楊氏太極拳真傳　趙斌等著　380 元
72. 李子鳴傳梁式直趟八卦六十四散手掌　張全亮編著　200 元
73. 炮捶 陳式太極拳第二路　顧留馨著　330 元
74. 太極推手技擊傳真　王鳳鳴編著　300 元
75. 傳統五十八式太極劍　張楚全編著　200 元
76. 新編太極拳對練　曾乃梁編著　280 元
77. 意拳拳學　王薌齋創始　280 元
78. 心意拳練功竅要　馬琳璋著　300 元
79. 形意拳搏擊的理與法　買正虎編著　300 元
80. 拳道功法學　李玉柱編著　300 元
81. 精編陳式太極拳拳劍刀　武世俊編著　300 元
82. 現代散打　梁亞東編著　200 元
83. 形意拳械精解（上）　邸國勇編著　480 元
84. 形意拳械精解（下）　邸國勇編著　480 元
85. 楊式太極拳詮釋【理論篇】　王志遠編著　200 元
86. 楊式太極拳詮釋【練習篇】　王志遠編著　280 元
87. 中國當代太極拳精論集　余功保主編　500 元
88. 八極拳運動全書　安在峰編著　480 元
89. 陳氏太極長拳 108 式＋VCD　王振華著　350 元

・彩色圖解太極武術・大展編號 102

1. 太極功夫扇　李德印編著　220 元
2. 武當太極劍　李德印編著　220 元
3. 楊式太極劍　李德印編著　220 元
4. 楊式太極刀　王志遠著　220 元
5. 二十四式太極拳(楊式)＋VCD　李德印編著　350 元
6. 三十二式太極劍(楊式)＋VCD　李德印編著　350 元
7. 四十二式太極劍＋VCD　李德印編著　350 元
8. 四十二式太極拳＋VCD　李德印編著　350 元
9. 16 式太極拳 18 式太極劍＋VCD　崔仲三著　350 元
10. 楊氏 28 式太極拳＋VCD　趙幼斌著　350 元
11. 楊式太極拳 40 式＋VCD　宗維潔編著　350 元
12. 陳式太極拳 56 式＋VCD　黃康輝等著　350 元
13. 吳式太極拳 45 式＋VCD　宗維潔編著　350 元

14. 精簡陳式太極拳 8 式、16 式	黃康輝編著	220 元
15. 精簡吳式太極拳<36 式拳架・推手>	柳恩久主編	220 元
16. 夕陽美功夫扇	李德印著	220 元
17. 綜合 48 式太極拳＋VCD	竺玉明編著	350 元
18. 32 式太極拳（四段）	宗維潔演示	220 元
19. 楊氏 37 式太極拳＋VCD	趙幼斌著	350 元
20. 楊氏 51 式太極劍＋VCD	趙幼斌著	350 元

・國際武術競賽套路・大展編號 103

1. 長拳	李巧玲執筆	220 元
2. 劍術	程慧琨執筆	220 元
3. 刀術	劉同為執筆	220 元
4. 槍術	張躍寧執筆	220 元
5. 棍術	殷玉柱執筆	220 元

・簡化太極拳・大展編號 104

1. 陳式太極拳十三式	陳正雷編著	200 元
2. 楊式太極拳十三式	楊振鐸編著	200 元
3. 吳式太極拳十三式	李秉慈編著	200 元
4. 武式太極拳十三式	喬松茂編著	200 元
5. 孫式太極拳十三式	孫劍雲編著	200 元
6. 趙堡太極拳十三式	王海洲編著	200 元

・導引養生功・大展編號 105

1. 疏筋壯骨功＋VCD	張廣德著	350 元
2. 導引保建功＋VCD	張廣德著	350 元
3. 頤身九段錦＋VCD	張廣德著	350 元
4. 九九還童功＋VCD	張廣德著	350 元
5. 舒心平血功＋VCD	張廣德著	350 元
6. 益氣養肺功＋VCD	張廣德著	350 元
7. 養生太極扇＋VCD	張廣德著	350 元
8. 養生太極棒＋VCD	張廣德著	350 元
9. 導引養生形體詩韻＋VCD	張廣德著	350 元
10. 四十九式經絡動功＋VCD	張廣德著	350 元

・中國當代太極拳名家名著・大展編號 106

1. 李德印太極拳規範教程	李德印著	550 元
2. 王培生吳式太極拳詮真	王培生著	500 元
3. 喬松茂武式太極拳詮真	喬松茂著	450 元
4. 孫劍雲孫式太極拳詮真	孫劍雲著	350 元

國家圖書館出版品預行編目資料

但　丁／傅　陽主編

－初版－臺北市，品冠文化，民 96.12

面；21 公分－（名人選輯；7）

ISBN 978-957-468-575-2（平裝）

1.但丁(Dante, Alighieri, 1265-1321)　2.傳記　3.學術思想

784.58　　96019459

但　丁

ISBN 978-957-468-575-2

主 編 者／傅　　陽

發 行 人／蔡　孟　甫

出 版 者／品冠文化出版社

社　　址／台北市北投區（石牌）致遠一路 2 段 12 巷 1 號

電　　話／(02) 28233123・28236031・28236033

傳　　真／(02) 28272069

郵政劃撥／19346241(品冠)

網　　址／www.dah-jaan.com.tw

E-mail／service@dah-jaan.com.tw

承 印 者／國順文具印刷行

裝　　訂／建鑫裝訂有限公司

排 版 者／千兵企業有限公司

初版1刷／2007 年（民 96 年） 12 月

定　價／200 元

推理文學經典巨著，中文版正式授權

名偵探明智小五郎與怪盜的挑戰與鬥智

名偵探柯南、金田一都讚嘆不已

日本推理小說鼻祖—江戶川亂步

1894年10月21日出生於日本三重縣名張〈現在的名張市〉。本名平井太郎。
就讀於早稻田大學時就曾經閱讀許多英、美的推理小說。
畢業之後曾經任職於貿易公司，也曾經擔任舊書商、新聞記者等各種工作。
1923年4月，在『新青年』中發表「二錢銅幣」。
筆名江戶川亂步是根據推理小說的始祖艾德嘉・亞藍波而取的。
後來致力於創作許多推理小說。
1936年配合「少年俱樂部」的要求所寫的『怪盜二十面相』極受人歡迎，
陸續發表『少年偵探團』、『妖怪博士』共26集……等
適合少年、少女閱讀的作品。

1 ～ 3 集　定價300元　試閱特價189元